Crème brulée
& Panna cotta

NEUE AROMEN

JETTE SANDER

FOTOGRAFIERT VON IRIS KACZMARCZYK

Inhalt

Die hohe Kunst der feinen Cremes

Eines haben die verführerischen Köstlichkeiten gemeinsam – sie zergehen auf der Zunge. Und gerade deshalb haben sie so viele Fans. Warum also Crème brulée und Panna cotta eigentlich nur als süße Nachspeise genießen?

Wir erheben die cremigen Petitessen auch zu würzig-herzhaften Vorspeisen, Zwischengängen, Hauptspeisen – und Desserts. Denn alle hocharomatischen Zutaten harmonieren vollkommen mit der zarten Cremigkeit, ja, sie unterstreichen sie sogar. Erleben Sie eine Geschmacksrevolution mit Crème brulée mit schwarzen Walnüssen & Entenbrust, mit Meeresalgen & Garnelen oder mit Espresso, Kirsch-Honig-Panna-cotta, Kalbsleber-Thymian-Panna-cotta oder Panna cotta mit Wildkräutern sowie vielen Rezepten in allen Variationen von zuckersüß bis pikant.

CRÈME BRULÉE – HARMONIE DER GEGENSÄTZE

„Crème brulée" bedeutet schlicht und einfach „gebrannte Creme" und diese Übersetzung vermittelt nicht annähernd den Genussfaktor, den die Kultspeise aus kühl-schmelzender Creme und knusprig-warmer Oberfläche birgt. Diese und viele verwandte Zubereitungen in der ganzen Welt zählen zu den Lieblingsspeisen von Generationen, darunter etwa die schweizerische Karamellcreme (Brönnti), die mit Butter und Stärke zubereitet wird, die katalonische Crema catalana, aus Milch, Zimt, Zitronenschale und häufig Brandy, die in flachen Tonschalen gereicht wird, oder die Englische Creme (Custard), die aus Puderzucker, Salz, Eigelb und Milch mit Aromen schaumig aufgeschlagen wird.

Woher genau die Zubereitungsart stammt und wann sie erstmalig kreiert wurde, ist nicht eindeutig belegt. Eine Überlieferung nennt als Quelle ein französisches Kochbuch aus dem 17. Jahrhundert, doch auch die spanische Crema catalana blickt auf eine lange Tradition zurück: Seit jeher wird das auch „Crema de Sant Josep" genannte Dessert am 19. März, dem Josefstag, zubereitet. Eine andere Überlieferung stimmt definitiv nicht, hat aber ein Eigenleben entwickelt: Die erwähnte Englische Creme sei einst am Trinity College in Cambridge erfunden worden, weshalb sie auch „Cambridge burnt cream" oder Trinity creme genannt werde. Mitnichten, aber heute wird eine Variante dieser erstmals in Kochbüchern des späten 19. Jahrhunderts beschriebenen Cremespeise unter eben diesem Namen am Trinity College serviert.

Crème brulée – Zutaten & Zubereitung

Die Basiszutaten für die Zubereitung sind ebenso wenig umfangreich, wie das Ergebnis verblüffend ist: Sahne, Zucker, Eier bzw. Eigelb und Aromen. Für gewöhnlich handelte es sich bei letzteren um Vanille, Zitronen- oder Orangenzesten, Mandelmilch oder Zimt. Das nötige Equipment ist ebenso simpel und in jedem Haushalt vorhanden: Topf, Sieb, Schüsseln, Messer und Schneidebrett, feuerfeste kleine Auflaufformen sowie eine feuerfeste große Schale für das Wasserbad. Darüber hinaus wird ein Bunsenbrenner oder ein spezieller Crème-brulée-Brenner benötigt.

Die Zubereitung der Basisrezeptur lässt sich in einem Satz zusammenfassen: Erhitzte Sahne wird mit Zucker und Eiern verrührt und aromatisiert, dann pochiert und die Oberfläche wird karamellisiert. Wie immer gilt als Voraussetzung für das Gelingen: Die Zutaten sollten von bester Qualität und frisch sein. Sahne sollte gekühlt verwendet werden. Fettreduzierte Zutaten wie Crème fraîche sind – ausnahmsweise! – tabu, denn sie gerinnen bei Hitzezufuhr leicht.

Ob Sie weißen oder braunen Zucker verwenden, bleibt Ihnen überlassen. Brauner Zucker ist aromatischer, von malziger Süße und kandiert etwas langsamer. Wichtig ist, die Cremezutaten zu verrühren, nicht zu schaumig zu verquirlen. Gießen Sie sie durch ein Sieb, so entsteht eine besonders glatte Creme und nicht gelöstes Eiweiß wird zurückgehalten. Eine gelungene Creme ist gleichmäßig gestockt, hat Halt, ist aber nicht zu fest, sondern cremig.

Die Förmchen müssen feuerfest und flach sein. Ihr Durchmesser sollte zehn bis zwölf Zentimeter betragen und die Creme etwa zwei bis drei Zentimeter hoch eingefüllt werden. Stellen Sie die Förmchen etwa bis zur Hälfte ihrer Höhe ins Wasserbad. So stockt die Creme gleichmäßig und die Gefahr, dass sie im Kern flüssig bleibt, ist gering.

So ist auch die Oberfläche für das Karamellisieren groß genug. Achten Sie darauf, dass Früchte, Gemüse oder andere Bestandteile der Creme mit Flüssigkeit bedeckt sind.

Vor dem Karamellisieren sollte die Creme einige Stunden gekühlt werden, am besten über Nacht – Sie können sie also gut für Ihre Gäste vorbereiten. Sie wird nicht gestürzt, sondern bleibt in der Form. Zum Karamellisieren verteilen Sie den Zucker auf der Oberfläche in einer gleichmäßigen, dünnen Schicht, die zart knisternd-knusprig werden soll. Arbeiten Sie rasch, denn der Zucker darf nicht feucht sein. Es gibt mehrere Möglichkeiten, den Zucker zu karamellisieren. In Spanien etwa ist die Benutzung eines runden Brenneisens aus schwerem Metall an einer langen Stange üblich. Es wird auf der Herdplatte erhitzt und dicht über den Zucker gehalten. In der Profiküche wird ein sogenannter mit Gas oder Strom betriebener Salamander, ein Ofen mit starker Oberhitze, verwendet. Sauber und effektiv ist die Benutzung eines kräftigen Bunsenbrenners, wie er inzwischen überall, wo es Küchenzubehör gibt, erhältlich ist. Halten Sie die Flamme nicht direkt und nicht zu dicht auf die Oberfläche, damit keinen Gasgeschmack annimmt oder partiell verbrennt. Stellen Sie die Förmchen auf keinen Fall unter den Backofengrill, sonst verflüssigt sich die Creme oder flockt aus. Beim Servieren soll die Creme kühl und die Kruste warm sein – also nach dem Karamellisieren rasch servieren und bald genießen!

PANNA COTTA – WENIG AUFWAND, GROSSER GENUSS

Ihr Name benennt bereits den Hauptbestandteil der in der klassischen Zubereitung schneeweißen feinen Speise: gekochte Sahne. Viele Quellen weisen darauf hin, dass sie vor etwa 100 Jahren in Norditalien erstmalig zubereitet wurde. Die Zutaten haben es in sich: Die feine Creme ist nicht so leicht, wie sie auf den ersten Blick aussieht. Dafür ist sie aber unvergleichlich köstlich und durchaus eine Sünde wert!

PANNA COTTA – ZUTATEN & ZUBEREITUNG

Die Basiszutaten sind schnell aufgezählt: Sahne, Zucker, Gelatine. Die klassische Panna cotta wird mit Vanille oder gern auch Pfirsichschnaps aromatisiert. Die traditionell zubereitete Creme schmeckt mit Früchten oder fruchtigen Saucen, Schokolade- oder Karamellsauce, die außer ihren gehaltvollen Aromen auch noch etwas Farbe ins Spiel bringen.

Zur Herstellung einer Panna cotta benötigen Sie noch weniger Utensilien als für die Crème brulée: Topf, Rührwerkzeuge, Förmchen oder Schüssel.

Auch hier sind nur frische Zutaten ein Garant für das Gelingen. Das Geheimnis einer feinen Panna cotta, die gerade eben ihre Form bewahrt und dabei in der Konsistenz nicht zu fest, sondern geschmeidig-cremig ist, lautet: nach dem Aufkochen rühren, rühren, rühren – und gelieren lassen.

Es gibt verschiedene Gelierhilfen, die bekannteste und in diesem Fall am einfachsten zu handhabende dürfte Gelatine sein. Gelatine ist das gelierfähige Produkt aus dem Bindegewebe von Schweinen und Rindern, der sogenannte „Knochenleim". Als Alternative zu Gelatine – beispielsweise, wenn Sie Vegetarier sind – bietet sich Agar-Agar an. Der aus Asien stammende Meeresalgenextrakt ist ein vegetarisches, farb- und geschmackloses Binde- und Geliermittel, das so gut wie keine Kalorien hat, preiswert ist und mit dem Speisen gut vorzubereiten sind. Es gibt Agar-Agar als feine Streifen oder als Pulver, das einfacher zu dosieren ist. Agar-Agar wird bei 95 °C flüssig, verbindet sich erst dann mit den anderen Flüssigkeiten homogen und diese werden bei 40 °C fest. Darum werden die Flüssigkeiten unter Rühren kurz sprudelnd aufgekocht, dann in Serviergläsern, -schalen oder -schüsseln abgekühlt. Ein allgemeiner Richtwert ist 5 g Agar-Agar (= ca. 1 gehäufter TL oder ca. 6 Msp.) auf 500 g Flüssigkeit. 1 TL Agar-Agar entspricht ungefähr 5 Blättern Gelatine. Bei Zubereitungen mit Milch- oder Sahneprodukten empfiehlt es sich, zunächst eine geringe Menge Milch, Sahne oder Wasser mit Agar-Agar zu vermischen und aufzukochen, dann erst werden die übrigen Zutaten untergerührt.

Auch die Panna cotta sollte vor der weiteren Verarbeitung oder dem Verzehr mehrere Stunden gekühlt werden, am besten über Nacht. Sie kann also ebenfalls bestens für am nächsten Tag eintreffende Gäste vorbereitet werden. Zum Servieren wird die Panna cotta gestürzt. Das Stürzen gelingt leichter, wenn Sie die Form ganz kurz in heißes Wasser tauchen.

Wenn Sie oder Ihre Gäste unter einer Laktoseintoleranz leiden, finden Sie auf den Seiten 49 und 77 zwei Rezepte, die ohne Milchprodukte auskommen.

Lassen Sie sich nachfolgend von der unglaublichen Aromenpalette der Feinschmecker-Lieblinge Crème brulée und Panna cotta als Brunch, Zwischenmahlzeit, Vorspeise, Hauptspeise oder Dessert überraschen, die einfach nur Lust auf mehr macht!

* Crème brulée

DIE HERZHAFTEN

*Crème brulée mit Zander & Garnelen

FÜR 4 PERSONEN

ZUBEREITUNG

ZUTATEN

200 g Sahne

....

80 g brauner Rohr-
zucker

....

200 g Zanderfilets
ohne Haut

....

1 EL Olivenöl

....

2 Eier (Klasse M)

....

1 Eigelb

....

2 TL orientalisches
Kaffeesalz

....

8 küchenfertig ge-
garte große Garnelen

....

Den Backofen auf 110 °C vorheizen und für das Wasserbad eine mit Wasser gefüllte Form zum Aufwärmen hineinstellen.

In einem Topf die Sahne mit der Hälfte des Rohrzuckers kochen, bis sich der Zucker aufgelöst hat. Den Zander waschen und abtupfen. Fein hacken, in eine Schüssel geben und mit dem Öl vermengen. Den Topf vom Herd nehmen und das Zanderhack unter die Sahnemischung rühren.

Die Eier mit dem Eigelb verquirlen und durch ein feines Sieb passieren, um nicht gelöstes Eiweiß herauszufiltern. Die warme Sahnemischung unter Rühren langsam zugeben. Die Hälfte des orientalischen Würzsalzes einrieseln lassen und alles gut vermischen.

Die Creme in feuerfeste Förmchen gießen und im Wasserbad im Backofen für etwa 40 Minuten stocken lassen. Die Förmchen mit der Creme aus dem Ofen nehmen und abkühlen lassen.

Zum Servieren den übrigen Rohrzucker auf der gestockten Creme verteilen. Mit einem Bunsenbrenner den Zucker karamellisieren. Die Garnelen zum Dippen dazureichen.

*Crème brulée mit Thymian & Sauerampfer

FÜR 4 PERSONEN

ZUBEREITUNG

Den Backofen auf 110 °C vorheizen und für das Wasserbad eine mit Wasser gefüllte Form zum Aufwärmen hineinstellen.

Den Thymian und den Sauerampfer waschen und trocken schütteln. Vom Thymian 2 Zweige für die Dekoration beiseitelegen, von den übrigen Zweigen die Blättchen abzupfen. Diese wie auch die Sauerampferblätter fein schneiden.

In einem Topf die Sahne aufkochen und dabei Pfeffer und Kräutersalz einstreuen, den Topf vom Herd nehmen. Ei und Eigelbe miteinander verquirlen und durch ein feines Sieb passieren, um nicht gelöstes Eiweiß herauszufiltern. Die warme Sahne langsam und unter ständigem Rühren zu den Eiern geben.

Die geschnittenen Kräuter unter die Creme heben. Die Kräutercreme in feuerfeste Förmchen gießen und im Wasserbad im Backofen für etwa 40 Minuten stocken lassen. Die Förmchen mit der Creme aus dem Ofen nehmen und abkühlen lassen.

Zum Servieren den Rohrzucker mit Fleur de Sel mischen und auf die gestockte Creme verteilen. Mit einem Bunsenbrenner karamellisieren und mit Kräuterblättchen dekorieren.

Diese Creme schmeckt sowohl als Vorspeise wie auch als „luftige" Brotzeit. Die abgekühlten Cremes lassen sich wunderbar einige Tage vor dem Genuss zubereiten und im Kühlschrank aufbewahren.

ZUTATEN

6 Zweige frischer Thymian

6 Sauerampferblätter

200 g Sahne

½ TL frisch gemahlener schwarzer Pfeffer

½ TL Kräutersalz

1 Ei (Klasse M)

2 Eigelb

40 g brauner Rohrzucker

1 TL Fleur de Sel

*Crème brulée mit schwarzen Walnüssen & Entenbrust

FÜR 4 PERSONEN

ZUTATEN

1 Glas eingelegte schwarze Walnüsse (ca. 5 Stück)

1 Bund Rucola

200 g Sahne

100 ml Milch

½ EL Zucker

1 Ei (Klasse M)

4 Eigelb

1 TL frisch gemahlener weißer Pfeffer

1 Prise Salz

1 Prise gemahlene Muskatnuss

40 g brauner Rohrzucker

½ TL orientalisches Kaffeesalz

100 g gepökelte, geräucherte Entenbrust in Scheiben

ZUBEREITUNG

Den Backofen auf 120 °C vorheizen und für das Wasserbad eine mit Wasser gefüllte Form zum Aufwärmen hineinstellen.

Eine Walnuss sehr fein hacken, die restlichen Nüsse achteln und für die Dekoration beiseitelegen. Den Rucola waschen, trocken schütteln und einige Blätter für die Dekoration aufbewahren, den Rest fein schneiden.

In einem Topf die Sahne mit Milch und Zucker zum Kochen bringen, dann den Topf vom Herd nehmen. Das Ei mit den Eigelben verquirlen und durch ein feines Sieb passieren, um nicht gelöstes Eiweiß herauszufiltern.

Die gehackte Walnuss, den geschnittenen Rucola und die Eicreme unter die Sahnemischung heben. Mit Pfeffer, Salz und Muskat würzen. Die Creme in feuerfeste Förmchen gießen und im Wasserbad im Backofen für etwa 40 Minuten stocken lassen. Die Creme aus dem Ofen nehmen und abkühlen lassen.

Zum Servieren Rohrzucker und Kaffeesalz mischen, auf die abgekühlte Crème brulée streuen und mit dem Bunsenbrenner karamellisieren. Mit Entenbrust, Walnussstückchen und Rucola anrichten und dekorieren.

Schmeckt sehr gut zum Sonntagsbrunch oder als festliche Vorspeise.

*Crème brulée mit Mungosprossen

FÜR 4 PERSONEN
ZUBEREITUNG

Den Backofen auf 120 °C vorheizen und für das Wasserbad eine mit Wasser gefüllte Form zum Aufwärmen hineinstellen.

In einer kleinen Schüssel Salz, Zucker, Sojasauce und Sesamöl gut miteinander zu einer Sauce verrühren.

Die Frühlingszwiebeln und die Chilischote putzen und fein schneiden. Die Mungosprossen waschen und gut abtropfen lassen. In einer Wokpfanne das Öl nicht zu hoch erhitzen. Die Mungosprossen darin 5 Minuten durchschwenken, die Sauce aus der Schüssel zugeben. Die Frühlingszwiebeln mit der Chilischote für weitere 3 Minuten zufügen. Dann das Gemüse aus der Pfanne nehmen und beiseitelegen. Den Fond aus der Pfanne in eine kleine Schüssel gießen.

In einem Topf Sahne, Crème double und Milch mit 1 Prise Zucker aufkochen, dann vom Herd nehmen.

Das Ei mit den Eigelben verquirlen und durch ein feines Sieb passieren, um nicht gelöstes Eiweiß herauszufiltern. Langsam unter die Sahnemischung ziehen. Den Fond aus der Pfanne zu der Creme geben und alles gut verrühren. Pfeffern und salzen. Die Creme in feuerfeste Förmchen gießen und im Wasserbad im Backofen für etwa 40 Minuten stocken lassen.

Zum Servieren Rohrzucker und Fleur de Sel mischen, auf die abgekühlte Creme streuen und mit dem Bunsenbrenner karamellisieren. Mit dem Wokgemüse anrichten.

ZUTATEN

½ TL Salz zzgl. etwas zum Abschmecken

½ EL Zucker

1 EL Sojasauce

½ TL Sesamöl

2 Frühlingszwiebeln

1 kleine rote Chilischote

300 g Mungosprossen

1 EL Öl zum Braten

200 g Sahne

100 g Crème double

50 ml Milch

1 Prise Zucker

1 Ei (Klasse M)

3 Eigelb

½ TL frisch gemahlener weißer Pfeffer

40 g brauner Rohrzucker

½ TL Fleur de Sel

*Crème brulée mit Tomaten

ZUTATEN

ZUBEREITUNG

200 g Sahne

60 g brauner Rohr-zucker

2 Eier (Klasse M)

1 Eigelb

½ TL Salz

1 gute Prise orien-talisches Kaffeesalz

2 TL Paprikapulver edelsüß

2 EL Tomatenmark

8 Kirschtomaten

1 Prise frisch gemahle-ner weißer Pfeffer

Den Backofen auf 110 °C vorheizen und für das Wasserbad eine mit Wasser gefüllte Form zum Aufwärmen hineinstellen.

In einem Topf die Sahne mit 20 g Rohrzucker kochen, bis sich der Zucker aufgelöst hat, dann den Topf vom Herd nehmen. Eier und Eigelb miteinander verquirlen. Die Mischung durch ein feines Sieb passieren, um nicht gelöstes Eiweiß herauszufiltern. Die warme Sahnemischung langsam und unter stän-digem Rühren zu den Eiern geben.

Das Salz mit orientalischem Kaffeesalz mischen und etwa die Hälfte davon in die Creme einstreuen, dann Paprikapulver und Tomatenmark einrühren.

Die Creme in feuerfeste Förmchen gießen und im Wasserbad im Backofen für etwa 40 Minuten stocken lassen. Währenddessen die Tomaten vierteln und die Kerngehäuse entfernen. Dann die Förmchen mit der Creme aus dem Ofen nehmen und abkühlen lassen.

Den übrigen Rohrzucker und die übrige Kaffeesalzmischung auf die abgekühlte Creme streuen und mit einem Bunsenbrenner karamellisieren.

Zum Servieren die Tomatenviertel auf die karamellisierte Schicht verteilen und alles mit weißem Pfeffer bestreuen.

*Crème brulée mit Quitten-Chutney

ZUTATEN

125 g Sahne

150 ml Milch

50 g Zucker

1 Ei (Klasse M)

3 Eigelb

*40 g brauner Rohr-
zucker*

½ TL Fleur de Sel

*italienische Kräutermi-
schung aus der Mühle*

Salz

*frisch gemahlener wei-
ßer Pfeffer*

*krause Salatblätter
zum Anrichten*

ZUBEREITUNG

Den Backofen auf 120 °C vorheizen und für das Wasserbad eine mit Wasser gefüllte Form zum Aufwärmen hineinstellen.

In einem Topf Sahne, Milch, Zucker, 1 Prise Salz und italienischer Kräutermischung nach Belieben aufkochen. Dann den Topf vom Herd nehmen.

Das Ei mit den Eigelben verquirlen und durch ein feines Sieb passieren, um nicht gelöstes Eiweiß herauszufiltern. Den Eicreme unter die Sahnemischung rühren. Nach Belieben mit mehr Salz, Pfeffer und italienischer Kräutermischung abschmecken.

Die Creme in feuerfeste Förmchen gießen und im Wasserbad im Backofen für etwa 40 Minuten stocken lassen. Die Zutaten für das Chutney verrühren. Zum Servieren Rohrzucker und Fleur de Sel mischen, die abgekühlte Creme damit bestreuen und mit dem Bunsenbrenner karamellisieren. Zum Servieren die Förmchen dekorativ auf Salatblättern platzieren und das Chutney dazureichen.

Für das Quitten-Chutney
2 EL gekochtes Quittenfruchtfleisch, 1 EL geriebener säuerlicher Apfel, 1 Schalotte, klein geschnitten und sautiert, ½ Tomate, enthäutet, entkernt und klein geschnitten, 1 EL Essig, 1 TL Paprikapulver, 1 Prise Cayennepfeffer, 1 EL Zucker

*Crème brulée mit gemischten Vorspeisen

FÜR 4 PERSONEN
ZUBEREITUNG

Den Backofen auf 120 °C vorheizen und für das Wasserbad eine mit Wasser gefüllte Form zum Aufwärmen hineinstellen.

In einem Topf Sahne, Milch, 1 Prise Salz, Zucker und Kräutermischung aufkochen, dann den Topf vom Herd nehmen.

Ei und Eigelbe miteinander verquirlen. Die Mischung durch ein feines Sieb passieren, um nicht gelöstes Eiweiß herauszufiltern. Die Eicreme mit der Sahnemischung verrühren und nochmals mit Salz und Pfeffer abschmecken.

Die Creme in feuerfeste Förmchen gießen und im Wasserbad im Backofen für etwa 40 Minuten stocken lassen. Die Förmchen mit der Creme aus dem Ofen nehmen und abkühlen lassen.

Zum Servieren die Förmchen dekorativ auf den Romanablättern platzieren.

Rohrzucker und Fleur de Sel mischen, auf die abgekühlte Creme verteilen und mit einem Bunsenbrenner karamellisieren.

Die jeweiligen Zutaten für den Curryhähnchen-Salat und das Kürbis-Chutney mischen und dazureichen.

Für den Curryhähnchen-Salat
2 klein geschnittene, gebratene Hähnchenbrustfilets, 1 EL Currypulver, 2 EL saure Sahne, 1 TL Zitronensaft, 1 EL feines natives Öl, Salz, frisch gemahlener schwarzer Pfeffer, 1 Prise Zucker, 1 Stängel frischer Thymian für die Dekoration

Für das Kürbis-Chutney
2 EL gekochtes Hokkaidokürbisfleisch, 1 EL geriebener säuerlicher Apfel, 1 klein geschnittene, sautierte Schalotte, 1 EL Essig, 1 TL Paprika, 1 Prise Cayennepfeffer, 1 EL Zucker

ZUTATEN

125 g Sahne

150 ml Milch

50 g Zucker

½ TL italienische Kräutermischung aus der Mühle

1 Ei (Klasse M)

3 Eigelb

30 g brauner Rohrzucker

10 g Fleur de Sel

Salz

frisch gemahlener schwarzer Pfeffer

Romanasalatblätter zum Anrichten

*Crème brulée mit Feta

ZUTATEN

200 g Sahne

60 g brauner Rohr-zucker

2 Eier (Klasse M)

2 Eigelb

½ TL Kräutersalz

½ TL Salz

3 EL Frischkäse

2 TL Lemoncurry

1 Prise Cayennepfeffer

200 g Feta, in kleine Segmente geschnitten

frisch gemahlener weißer Pfeffer

fein gehackte Paprika, Schnittlauchröllchen, zerstoßener bunter und weißer Pfeffer zum Dekorieren

ZUBEREITUNG

Den Backofen auf 110 °C vorheizen und für das Wasserbad eine mit Wasser gefüllte Form zum Aufwärmen hineinstellen.

In einem Topf die Sahne mit 20 g Rohrzucker kochen, bis sich der Zucker aufgelöst hat, dann den Topf vom Herd nehmen. Eier und Eigelbe miteinander verquirlen. Die Mischung durch ein feines Sieb passieren, um nicht gelöstes Ei-weiß herauszufiltern. Die warme Sahnemischung langsam und unter ständigem Rühren zu den Eiern geben. Die Salze und 1 Prise Pfeffer unterrühren. Dann den Frischkäse und die übrigen Gewürze zugeben und gut miteinander vermengen.

Die Creme in feuerfeste Förmchen gießen und im Wasserbad im Backofen für etwa 40 Minuten stocken lassen. Die Förmchen mit der Creme aus dem Ofen nehmen und abkühlen lassen.

Zum Servieren den übrigen Rohrzucker mit etwas Pfeffer mischen und auf die gestockte Creme verteilen. Mit einem Bunsenbrenner karamellisieren. Die Käse-stückchen auf die karamellisierte Schicht dekorieren und mit Paprika, Schnitt-lauch, buntem und weißem Pfeffer anrichten.

*Crème brulée mit Forellenkaviar

FÜR 4 PERSONEN

ZUBEREITUNG

Den Backofen auf 130° C vorheizen und für das Wasserbad eine mit Wasser gefüllte Form zum Aufwärmen hineinstellen.

Die Datteltomaten waschen und halbieren. Die Kerngehäuse entfernen und die Tomaten in kleine Stücke schneiden. Mit dem Tomatenmark und dem Rosenpaprika vermischen. Jeweils 1 Prise Fleur de Sel und Pfeffer zugeben, beiseitestellen.

In einem Topf die Sahne mit der Milch aufkochen, dann den Topf vom Herd nehmen. Ei und Eigelbe miteinander verquirlen. Die Mischung durch ein feines Sieb passieren, um nicht gelöstes Eiweiß herauszufiltern. Die warme Sahne-Milch-Mischung langsam und unter ständigem Rühren zu den Eiern geben, dann auf zwei Schüsseln verteilen.

Die Hälfte der Crememischung mit den angemachten Tomatenstückchen gut verrühren. Diese Creme in feuerfeste Förmchen gießen und im Wasserbad im Backofen für gut 15 Minuten stocken lassen. Währenddessen die andere Hälfte der Crememischung mit Kurkuma würzen und mit Fleur de Sel sowie Pfeffer abschmecken.

Die Förmchen aus dem Ofen nehmen und die Kurkumacreme vorsichtig auf die bereits gestockte Tomatencreme geben: So entstehen eine rote und eine gelbe Schicht. Die Förmchen wieder ins Wasserbad stellen und nochmals für 15 Minuten stocken lassen. Aus dem Ofen nehmen und abkühlen lassen.

Zum Servieren den Rohrzucker mit der Salz-Paprika-Mischung verrühren und jeweils mittig auf die Cremeoberflächen verteilen. Den Forellenkaviar außen herum anrichten. Mit einem Bunsenbrenner gezielt karamellisieren und dann sofort servieren.

Dieses Rezept ist etwas aufwendiger, aber es lässt sich wunderbar vorbereiten. Die Creme ist sowohl als kalte wie auch als warme Vorspeise eine Köstlichkeit. (zum Erwärmen siehe Seite 37)

ZUTATEN

12 Datteltomaten

1 TL Tomatenmark

1 Prise Rosenpaprika

200 g Sahne

150 ml Milch

1 Ei (Klasse M)

2 Eigelb

½ TL gemahlene Kurkuma

20 g brauner Rohrzucker

½ TL Mischung aus Salz und Paprika edelsüß

100 g Forellenkaviar

Fleur de Sel

frisch gemahlener weißer Pfeffer

*Crème brulée mit grünem Spargel

ZUTATEN

ZUBEREITUNG

300 g grüner Spargel

150 ml Milch

200 g Sahne

1 Prise Salz

6 Eigelb

2 EL Zucker

30 g brauner Rohr-zucker

10 g Fleur de Sel

frisch gemahlener weißer Pfeffer

Butterschmalz zum Braten

Den Backofen auf 120 °C vorheizen und für das Wasserbad eine mit Wasser gefüllte Form zum Aufwärmen hineinstellen.

Den Spargel waschen und die holzigen Enden abschneiden. Die Hälfte der Spargelstangen in kleine Stücke schneiden, die andere Hälfte ganz lassen. In einem Topf die klein geschnittenen Spargelstücke in Milch und Sahne weich kochen, das Salz zugeben. Dann alles miteinander pürieren und durch ein Sieb streichen, damit Fasern zurückbleiben. Das Püree etwas abkühlen lassen.

Die Eigelbe mit dem Zucker verrühren. Mit dem Spargelpüree gut mischen und mit Pfeffer abschmecken. Für etwa 2 Stunden kühl stellen.

Die Creme in feuerfeste Förmchen streichen und im Wasserbad im Backofen für etwa 40 Minuten stocken lassen.

Währenddessen den restlichen Spargel in einer Pfanne mit etwas Butter-schmalz 15 Minuten leicht braten lassen, mit weißem Pfeffer würzen.

Die Förmchen mit der Creme aus dem Ofen nehmen und abkühlen lassen. Zum Servieren den Rohrzucker mit Fleur de Sel mischen, auf die Oberflächen streuen und mit einem Bunsenbrenner karamellisieren. Den Spargel dazu anrichten.

*Crème brulée mit schwarzem Trüffel

FÜR 4 PERSONEN
ZUBEREITUNG

Den Backofen auf 110 °C vorheizen und für das Wasserbad eine mit Wasser gefüllte Form zum Aufwärmen hineinstellen.

In einem Topf die Sahne mit 20 g Rohrzucker kochen, bis sich der Zucker aufgelöst hat. Dann den Espresso zugießen und den Topf vom Herd nehmen.

Eier und Eigelb miteinander verquirlen. Die Mischung durch ein Sieb passieren, um nicht gelöstes Eiweiß herauszufiltern. Die warme Sahne-Kaffee-Mischung langsam und unter ständigem Rühren zu den Eiern geben. 1 Prise Pfeffer zufügen und einen Trüffel in die Creme hobeln.

Die Creme in feuerfeste Förmchen gießen und im Wasserbad im Backofen für etwa 40 Minuten stocken lassen. Die Förmchen mit der Creme aus dem Ofen nehmen und abkühlen lassen.

Zum Servieren den übrigen Rohrzucker auf die gestockte Creme verteilen und mit einem Bunsenbrenner karamellisieren. Auf die karamellisierten Oberflächen 1 zusätzliche Prise Pfeffer mahlen. Zum krönenden Abschluss den zweiten Trüffel darüberhobeln – eine Genusserfahrung.

Die Creme lässt sich gut – wie übrigens auch allen anderen Crèmes brulées – für zehn Tage im Kühlschrank aufbewahren.

ZUTATEN

200 g Sahne

60 g brauner Rohrzucker

1 frisch gebrühter Espresso

2 Eier (Klasse M)

1 Eigelb

2 schwarze Trüffel (20 g)

frisch gemahlener schwarzer Pfeffer

*Crème brulée mit Rucola

FÜR 4 PERSONEN

ZUTATEN

1 Handvoll Rucola

1 EL Olivenöl

200 g Sahne

60 g brauner Rohrzucker

2 Eier (Klasse M)

1 Eigelb

2 TL orientalisches Kaffeesalz

ZUBEREITUNG

Den Backofen auf 110 °C vorheizen und für das Wasserbad eine mit Wasser gefüllte Form zum Aufwärmen hineinstellen.

Den Rucola putzen, waschen, trocken schütteln und mit dem Öl fein pürieren. In einem Topf die Sahne mit 20 g Rohrzucker kochen, bis sich der Zucker aufgelöst hat. Den Topf vom Herd nehmen.

Eier und Eigelb miteinander verquirlen. Die Mischung durch ein Sieb passieren, um nicht gelöstes Eiweiß herauszufiltern. Das Rucolapüree und die warme Sahnemischung langsam und unter ständigem Rühren zu den Eiern geben. Die Hälfte des orientalischen Kaffeesalzes einrühren.

Die Creme in feuerfeste Förmchen gießen und im Wasserbad im Backofen für etwa 40 Minuten stocken lassen. Die Förmchen mit der Creme aus dem Ofen nehmen und abkühlen lassen.

Zum Servieren den übrigen Rohrzucker auf die gestockte Creme und mit einem Bunsenbrenner karamellisieren. Den Rest des orientalischen Kaffeesalzes darüberstreuen.

*Crème brulée mit Meeresalgen & Garnelen

FÜR 4 PERSONEN

ZUBEREITUNG

Den Backofen auf 130 °C vorheizen und für das Wasserbad eine mit Wasser gefüllte Form zum Aufwärmen hineinstellen.

Rohrzucker und Fleur de Sel mischen. In einem Topf die Sahne und die Crème double mit der Hälfte der Zucker-Salz-Mischung, bis sich der Zucker aufgelöst hat. Den Topf vom Herd nehmen.

Eier und Eigelbe miteinander verquirlen. Die Eicreme durch ein Sieb passieren, um nicht gelöstes Eiweiß herauszufiltern. Die warme Sahnemischung langsam unter die Eier rühren, es sollte eine homogene Creme entstehen. Dann Salz und Remoulade gut unterrühren.

Die Meeresalgen fein schneiden. Die Creme in feuerfeste Förmchen gießen und die Meeresalgen darauf verteilen. Wasabi und weißen Pfeffer darüberstreuen. Die Creme im Wasserbad im Backofen für ungefähr 40 Minuten stocken lassen. Die Förmchen mit der Creme aus dem Ofen nehmen und abkühlen lassen.

Zum Servieren die restliche Mischung aus Rohrzucker und Fleur de Sel auf die gestockte Creme verteilen. Mit einem Bunsenbrenner karamellisieren. Dazu Garnelen und mehr Remoulade zum Dippen reichen.

ZUTATEN

60 g brauner Rohrzucker

½ TL Fleur de Sel

100 g Sahne

100 g Crème double

2 Eier (Klasse M)

2 Eigelb

½ TL Salz

100 g Bio-Remoulade zzgl. 100 g zum Dippen

1 TL frische grüne Meeresalgen (aus dem Asia-Laden)

1 Prise Wasabipulver

½ TL frisch gemahlener weißer Pfeffer

12 küchenfertig gegarte Garnelen

*Crème brulée in Riesenchampignonköpfen

FÜR 4 PERSONEN

ZUTATEN

4 große braune Riesenchampignons

150 g Sahne

150 ml Milch

1 Prise gemahlene Muskatnuss

1 EL fein gehackte glatte Petersilienblätter

1 Ei (Klasse M)

3 Eigelb

30 g Rohrzucker

10 g grobes Salz

Salz

frisch gemahlener schwarzer Pfeffer

Butterschmalz zum Anbraten

ZUBEREITUNG

Den Backofen auf 130 °C vorheizen und für das Wasserbad eine mit Wasser gefüllte Form zum Aufwärmen hineinstellen.

Die Pilze sanft bürsten und abreiben. Die Stiele abschneiden und die Schirme innen aushöhlen. Die Stiele und das Schirminnere fein hacken und beiseitestellen.

In einem Topf Sahne und Milch mit je 1 Prise Salz und Pfeffer sowie Muskat aufkochen und dann den Topf vom Herd nehmen. Die gehackten Pilze und die Petersilie unterrühren.

Ei und Eigelbe verquirlen. Die Mischung durch ein feines Sieb passieren, um nicht gelöstes Eiweiß herauszufiltern, unter die warme Sahnemischung rühren. Die Creme in vier Muffinförmchen füllen und im Wasserbad im Backofen für etwa 40 Minuten stocken lassen. Die Förmchen mit der Creme aus dem Ofen nehmen und abkühlen lassen.

In einer hohen Pfanne das Butterschmalz erhitzen und die Pilzhüte bei niedriger Temperatur darin für 15 Minuten vorsichtig garen lassen. Nach dem Herausnehmen innen gut mit Pfeffer und Salz würzen.

Zum Servieren die Creme aus den Muffinförmchen heben und vorsichtig in die ausgehöhlten Pilzhüte setzen. Den Rohrzucker mit dem groben Salz vermischen und auf die Creme streuen. Mit einem Bunsenbrenner karamellisieren.

*Crème brulée in bunter Aromenvielfalt

FÜR 4 PERSONEN

ZUBEREITUNG

Den Backofen auf 130 °C vorheizen und für das Wasserbad eine mit Wasser gefüllte Form zum Aufwärmen hineinstellen.

Das Tomatenmark mit dem Rosenpaprika vermischen. Etwas Salz und Pfeffer zugeben. Das Basilikum waschen, trocken schütteln und fein schneiden. Beiseitestellen.

In einem Topf Sahne und Milch aufkochen. Ei und Eigelbe miteinander verquirlen, dann durch ein feines Sieb passieren, um nicht gelöstes Eiweiß herauszufiltern. Die Eicreme in die warme Sahne-Milch-Mischung einrühren und alles auf zwei Schüsseln verteilen

Unter die erste Hälfte der Creme die Basilikumblättchen, jeweils die Hälfte des Fleur de Sel, des weißen Pfeffers und Kräutersalzes rühren. Die Creme in feuerfeste Förmchen füllen und im Wasserbad für gut 15 Minuten im Backofen stocken lassen. Währenddessen unter die andere Hälfte der Creme das Tomatenmark, drei Viertel der Safranfäden sowie jeweils die andere Hälfte des Fleur de Sel, des weißen Pfeffers und des Kräutersalzes rühren, das übrige Viertel des Safrans zum Dekorieren beiseitelegen.

Die Förmchen aus dem Wasserbad nehmen und die zweite Creme vorsichtig auf die schon gestockte Creme geben – so entsteht eine herzhafte rote und eine kräftige weiß-grüne Schicht. Nochmals im Wasserbad für 15 Minuten stocken lassen. Danach kühl stellen.

Vor dem Servieren entweder im Wasserbad im Backofen für 10 Minuten warm werden lassen oder kühl anrichten. Zum Karamellisieren den Rohrzucker mit 1 Msp. Salz und dem Paprikapulver verrühren und mittig auf die Creme verteilen. Mit dem Bunsenbrenner gezielt karamellisieren, die restlichen Safranfäden auf die heiße Karamellschicht streuen und dann sofort servieren.

Dieses Rezept ist etwas aufwendiger, aber es lässt sich wunderbar vorbereiten. Die Creme ist sowohl als kalte oder als warme Vorspeise eine Köstlichkeit.

ZUTATEN

1 TL Tomatenmark

1 Prise Rosenpaprika

½ Bund Basilikum

200 g Sahne

150 ml Milch

1 Ei (Klasse M)

2 Eigelb

½ TL Fleur de Sel

½ TL frisch gemahlener weißer Pfeffer

½ TL Kräutersalz

2 g Safranfäden

2 EL brauner Rohrzucker

1 Msp. Paprikapulver

Salz

frisch gemahlener schwarzer Pfeffer

*Crème brulée mit Schokolade

FÜR 4 PERSONEN

ZUTATEN

*120 g Zartbitterscho-
kolade (mind. 70 %
Kakaoanteil)*

·····································

100 g Sahne

·····································

50 ml Milch

·····································

200 g Crème double

·····································

1 TL Zucker

·····································

1 Ei (Klasse M)

·····································

3 Eigelb

·····································

½ rote Chilischote

·····································

1 TL rote Pfefferbeeren

·····································

40 g Rohrzucker

·····································

½ TL Fleur de Sel

·····································

ZUBEREITUNG

Den Backofen auf 140 °C vorheizen und für das Wasserbad eine mit Wasser gefüllte Form zum Aufwärmen hineinstellen.

Die Schokolade im Wasserbad schmelzen lassen und in einem Topf mit der Sahne, der Milch und der Crème double bei kleiner Hitze zu einer homogenen Creme verrühren. Dann den Zucker zufügen und den Topf vom Herd nehmen.

In einer Schüssel das Ei mit den Eigelben verquirlen. Durch ein feines Sieb passieren, um nicht gelöstes Eiweiß herauszufiltern. Unter ständigem Rühren vorsichtig unter die Sahne-Schokoladen-Mischung ziehen. Die Chilischote waschen, entkernen und fein schneiden. Mit den Pfefferbeeren unter die Creme heben.

Die Creme in feuerfeste Förmchen gießen und im Wasserbad im Backofen für etwa 40 Minuten stocken lassen. Dann aus dem Ofen nehmen und abkühlen lassen.

Zum Servieren den Rohrzucker mit Fleur de Sel mischen und auf die Creme streuen. Mit dem Bunsenbrenner karamellisieren.

*Crème brulée mit Paprika

FÜR 4 PERSONEN

ZUBEREITUNG

ZUTATEN

Den Backofen auf 110 °C vorheizen und für das Wasserbad eine mit Wasser gefüllte Form zum Aufwärmen hineinstellen.

In einem Topf die Sahne mit 20 g Rohrzucker kochen, bis sich der Zucker aufgelöst hat, den Topf vom Herd nehmen. Eier und Eigelb miteinander verquirlen. Die Mischung durch ein feines Sieb passieren, um nicht gelöstes Eiweiß herauszufiltern. Die warme Sahnemischung langsam und unter ständigem Rühren zu den Eiern geben.

Die Paprikaschoten waschen, halbieren, entkernen, in feine Streifen und dann in kleine Stücke schneiden. Die roten Pfefferbeeren im Mörser zerkleinern, 1 TL davon für die Dekoration beiseitelegen. Das Salz mit orientalischem Kaffeesalz mischen und etwa die Hälfte davon in die Creme einstreuen, dann die gehackte Paprikaschote, das Paprikapulver, die gestoßenen Pfefferbeeren und die Currypaste einrühren.

Die Creme in feuerfeste Förmchen gießen und im Wasserbad im Backofen für etwa 40 Minuten stocken lassen. Dann die Förmchen mit der Creme aus dem Ofen nehmen und abkühlen lassen.

Den übrigen Rohrzucker und die übrige Kaffeesalzmischung auf die gestockte Creme verteilen. Mit einem Bunsenbrenner karamellisieren.

Zum Servieren die übrigen roten Beeren auf die karamellisierte Schicht verteilen und alles mit weißem Pfeffer bestreuen.

200 g Sahne

60 g brauner Rohrzucker

2 Eier (Klasse M)

1 Eigelb

2 milde, lange rote Paprikaschoten

1 TL rote Pfefferbeeren

½ TL Salz

1 gute Prise orientalisches Kaffeesalz

2 TL Paprikapulver edelsüß

½ TL milde rote Currypaste

1 Prise frisch gemahlener weißer Pfeffer

*Crème brulée mit Lachs & Riesengarnelen

FÜR 4 PERSONEN

ZUBEREITUNG

60 g brauner Rohr-
zucker

1 Prise orientalisches
Kaffeesalz

200 g Sahne

150 g Graved Lachs

½ TL frisch geriebener
Meerrettich

2 Eier (Klasse M)

1 Eigelb

½ TL Salz

1 Prise frisch gemahle-
ner weißer Pfeffer

1 EL Tomatenmark

2 TL milde rote
Currypaste

3 TL Paprikapulver

16 küchenfertig gegarte
Riesengarnelen

Den Backofen auf 110 °C vorheizen und für das Wasserbad eine mit Wasser gefüllte Form zum Aufwärmen hineinstellen.

Den Zucker mit dem Kaffeesalz vermischen. In einem Topf die Sahne mit der Hälfte dieses Zuckers kochen, bis er sich aufgelöst hat, den Topf vom Herd nehmen.

Den Lachs fein zerkleinern und mit dem Meerrettich verrühren, beiseitestellen.

Die Eier mit dem Eigelb verrühren und durch ein feines Sieb passieren, um nicht gelöstes Eiweiß herauszufiltern. Die warme Sahnemischung langsam, unter ständigem Rühren, zur Eicreme geben. Mit Salz und Pfeffer würzen. Tomatenmark, Currypaste, Paprikapulver und den zerkleinerten Lachs unterheben.

Die Creme in feuerfeste Förmchen gießen und im Wasserbad im Backofen für ungefähr 40 Minuten stocken lassen. Dann die Förmchen mit der Creme aus dem Ofen nehmen und abkühlen lassen.

Zum Servieren die restliche Rohrzucker-Kaffeesalz-Mischung auf die gestockte Creme verteilen und mit einem Bunsenbrenner karamellisieren. Mit den gekochten Riesengarnelen anrichten.

Wer mag, streut zum Servieren noch etwas frisch gemahlenen weißen Pfeffer über die Garnelen.

*Crème brulée mit kleinen Champignons

FÜR 4 PERSONEN

ZUTATEN

- *8 kleine Champignons*
- *½ Vanilleschote*
- *200 g Sahne*
- *150 ml Milch*
- *2 Eier (Klasse M)*
- *2 Eigelb*
- *30 g brauner Rohrzucker*
- *Salz*

ZUBEREITUNG

Den Backofen auf 150 °C vorheizen und für das Wasserbad eine mit Wasser gefüllte Form zum Aufwärmen hineinstellen.

Die Pilze putzen, einige für die Dekoration beiseitelegen, die restlichen Champignons in feine Scheiben schneiden.

Die Vanilleschote auskratzen. In einem Topf das Mark mit Sahne, Milch und 1 TL Salz aufkochen. Den Topf vom Herd nehmen.

Eier und Eigelbe miteinander verquirlen. Die Mischung durch ein feines Sieb passieren, um nicht gelöstes Eiweiß herauszufiltern. Die warme Sahne-Milch-Mischung langsam unter die Eier rühren. Die Creme in feuerfeste Förmchen gießen – nicht zu voll, da später die Pilzscheiben mit eingelegt werden.

Im Wasserbad im Backofen für etwa 40 Minuten stocken lassen. Die Förmchen mit der Creme aus dem Ofen nehmen und abkühlen lassen.

Zum Servieren den Rohrzucker mit etwa 10 g Salz mischen und auf die gestockte Creme verteilen. Kleine Pilzscheiben dazulegen. Vorsichtig mit dem Bunsenbrenner karamellisieren, die Pilze sollten nicht schwarz werden. Mit den übrigen Pilzen dekorieren.

Dazu einen bunten Salat und Baguettebrot reichen, fertig ist ein kleines Gericht.

*Crème brulée mit Pesto rosso & weißen Bohnen

FÜR 4 PERSONEN

ZUBEREITUNG

Die Bohnen für mindestens 3 Stunden, am besten über Nacht, in kaltem Wasser einweichen. Anschließend in reichlich Salzwasser für 2 Stunden bei kleiner Flamme köcheln lassen.

Den Backofen auf 140 °C vorheizen und für das Wasserbad eine mit Wasser gefüllte Form zum Aufwärmen hineinstellen.

In einem Topf Sahne, Crème double, Milch und Zucker aufkochen lassen, bis sich der Zucker aufgelöst hat. Den Topf vom Herd nehmen.

Ei und Eigelbe miteinander verquirlen. Die Mischung durch ein feines Sieb passieren, um nicht gelöstes Eiweiß herauszufiltern. Die warme Sahnemischung langsam und unter ständigem Rühren zu den Eiern geben.

Von dem Pesto rosso 100 g untermischen, dann das Tomatenmark unterrühren. Die Knoblauchzehe fein reiben, ebenfalls in die Creme geben und alles gut vermengen.

Die Creme in feuerfeste Förmchen gießen und im Wasserbad im Backofen für 40 Minuten stocken lassen. Aus dem Ofen nehmen und abkühlen lassen.

In der Zwischenzeit die weißen Bohnen abgießen und mit dem restlichen Pesto rosso vermischen, gut salzen und pfeffern. Beim Servieren dazureichen.

Rohrzucker mit Fleur de Sel mischen und auf die gestockte Creme verteilen. Mit dem Bunsenbrenner karamellisieren.

ZUTATEN

200 g trockene, dicke italienische weiße Bohnen

100 g Sahne

100 g Crème double

50 ml Milch

½ EL Zucker

1 Ei (Klasse M)

3 Eigelb

200 g Pesto rosso

1 EL Tomatenmark

1 Knoblauchzehe

40 g brauner Rohrzucker

½ TL Fleur de Sel

Salz

frisch gemahlener schwarzer Pfeffer

*Crème brulée mit Paprika & kleinen Leckereien

FÜR 4 PERSONEN

ZUTATEN

200 g kleine süße Paprika

150 g Sahne

150 ml Milch

1 EL süßer Rosenpaprika

1 Ei (Klasse M)

3 Eigelb

30 g Rohrzucker

10 g Fleur de Sel

Salz

frisch gemahlener schwarzer Pfeffer

Kräuterkäse, Chutney, geräucherter Schinken zum Dazureichen

ZUBEREITUNG

Den Backofen auf 120 °C vorheizen und für das Wasserbad eine mit Wasser gefüllte Form zum Aufwärmen hineinstellen.

Die Paprika waschen, halbieren und entkernen. Die Hälfte davon sehr klein hacken.

In einem Topf Sahne, Milch und gehackte Paprikastückchen mischen. Mit dem Rosenpaprika sowie Salz und Pfeffer nach Belieben würzen. Alles aufkochen und dann den Topf vom Herd nehmen.

Das Ei mit den Eigelben verquirlen und durch ein feines Sieb passieren, um nicht gelöstes Eiweiß herauszufiltern. Die Eicreme unter die Sahne-Paprika-Mischung heben.

Die Creme in feuerfeste Förmchen gießen und im Wasserbad im Backofen für 40 Minuten stocken lassen.

In der Zwischenzeit die übrigen Paprikahälften mit kleinen Leckereien nach Wahl belegen.

Die Förmchen mit der Creme aus dem Ofen nehmen und abkühlen lassen. Zum Servieren den Rohrzucker mit Fleur de Sel mischen und auf die gestockte Creme verteilen. Mit einem Bunsenbrenner karamellisieren.

*Kardamom-Vanille-Crème-brulée mit Kokosmilch Variante 1

FÜR 4 PERSONEN

ZUBEREITUNG

Den Backofen auf 150 °C vorheizen und für das Wasserbad eine mit Wasser gefüllte Form zum Aufwärmen hineinstellen.

Die Kardamomkapseln andrücken und nur die Samen in einer heißen Pfanne ohne Fett bräunen. Fein hacken oder im Mörser zerreiben, beiseitestellen.

In einer Schüssel die Eigelbe und 10 g Zucker mit dem Mixer zu einer hellen, schaumigen Creme verrühren.

In einem Topf die Kokosmilch erhitzen. Die heiße Kokosmilch unter Rühren in die Eicreme geben. Kardamom, Pfeffer, Muskat und Salz zufügen.

Feuerfeste Förmchen mit Kokosfett ausstreichen und die Creme hineingießen. Im Wasserbad im Backofen für etwa 40 Minuten stocken lassen.

Die Förmchen mit der Creme aus dem Ofen nehmen und abkühlen lassen. Zum Servieren den übrigen Rohrzucker mit dem Fleur de Sel mischen und auf die gestockte Creme verteilen. Mit einem Bunsenbrenner karamellisieren und bald genießen.

ZUTATEN

10 Kardamomkapseln

5 Eigelb

50 g brauner Rohrzucker

500 ml ungezuckerte Kokosmilch

½ TL frisch gemahlener grüner Pfeffer

1 Prise gemahlene Muskatnuss

1 Prise Salz

1 Tl Fleur de Sel

Kokosfett für die Förmchen

*Crème brulée

DIE SÜSSEN

*Crème brulée klassisch

ZUTATEN

200 g Sahne

50 ml Milch

100 g brauner Rohr-
zucker

½ Vanilleschote

1 Prise Zimt

2 Eier (Klasse M)

2 Eigelb

ZUBEREITUNG

Den Backofen auf 120 °C vorheizen und für das Wasserbad eine mit Wasser gefüllte Form zum Aufwärmen hineinstellen.

In einem Topf die Sahne mit der Milch und der Hälfte des Zuckers aufkochen. Die Vanilleschote aufschneiden und das herausgekratzte Mark sowie den Zimt unter die Sahne-Milch-Mischung rühren. Nochmals aufkochen lassen, dann den Topf vom Herd nehmen.

Eier und Eigelbe miteinander verquirlen. Die Mischung durch ein feines Sieb passieren, um nicht gelöstes Eiweiß herauszufiltern. Die warme Sahne-Milch-Mischung langsam und unter ständigem Rühren zu den Eiern geben.

Die Creme in feuerfeste Förmchen gießen und im Wasserbad im Backofen für etwa 40 Minuten stocken lassen. Die Förmchen mit der Creme aus dem Ofen nehmen und abkühlen lassen.

Zum Servieren den übrigen Rohrzucker auf die gestockte Creme verteilen. Mit einem Bunsenbrenner karamellisieren.

*Crème brulée mit Schokoflocken

ZUBEREITUNG

Den Backofen auf 130 °C vorheizen und für das Wasserbad eine mit Wasser gefüllte Form zum Aufwärmen hineinstellen.

Die Schokolade im Wasserbad schmelzen lassen. In einem Topf die Sahne mit der Milch und der Hälfte des Zuckers aufkochen, dann den Topf vom Herd nehmen. Die geschmolzene Schokolade in die Sahnemischung geben.

Eier und Eigelbe miteinander verquirlen. Die Mischung durch ein feines Sieb passieren, um nicht gelöstes Eiweiß herauszufiltern. Die warme Sahne-Milch-Mischung langsam und unter ständigem Rühren zu den Eiern geben. Die Gewürze einrieseln lassen. Die Hälfte der Schokoladenflocken ebenfalls in die Creme geben und vorsichtig umrühren.

Die Creme in feuerfeste Förmchen gießen und im Wasserbad im Backofen für etwa 40 Minuten stocken lassen. Die Förmchen mit der Creme aus dem Ofen nehmen und abkühlen lassen.

Zum Servieren den übrigen Rohrzucker auf die gestockte Creme verteilen. Mit einem Bunsenbrenner karamellisieren. Dann die andere Hälfte der Schokoladenflocken locker auf die karamellisierte Oberfläche streuen.

ZUTATEN

50 g Vollmilch-schokolade

200 g Sahne

50 ml Milch

80 g brauner Rohr-zucker

2 Eier (Klasse M)

2 Eigelb

1 Prise Zimt

1 Prise gemahlener Piment

100 g Schokoladen-flocken (Vollmilch)

*Crème brulée mit Pflaumenkompott

FÜR 4 PERSONEN

ZUTATEN

4 große Pflaumen

150 ml trockener Rotwein

130 g brauner Rohrzucker

1 Sternanis

1 Zimtstange

2 cl Obstwässerli

250 g Sahne

100 ml Milch

2 Eier (Klasse M)

4 Eigelb

½ Vanilleschote

ZUBEREITUNG

Den Backofen auf 120 °C vorheizen und für das Wasserbad eine mit Wasser gefüllte Form zum Aufwärmen hineinstellen.

Für das Pflaumenkompott die Pflaumen waschen, halbieren und entkernen, anschließend vierteln. In einem Topf den Rotwein mit 50 g Zucker, dem Sternanis und der Zimtstange aufkochen. Die Pflaumenviertel und das Obstwässerli zufügen. Alles zusammen köcheln lassen und dann die Pflaumenstücke herausnehmen. Den Sirup noch etwas einkochen lassen, Sternanis und Zimtstange herausnehmen und wegwerfen. Die Pflaumenstücke wieder in den Sud geben und beiseitestellen.

In einem Topf die Sahne mit der Milch und der Hälfte des Zuckers aufkochen, dann den Topf vom Herd nehmen. Die Vanilleschote aufschneiden und das herausgekratzte Mark in die Sahnemischung geben.

Eier und Eigelbe miteinander verquirlen. Die Mischung durch ein feines Sieb passieren, um nicht gelöstes Eiweiß herauszufiltern. Die warme Sahne-Milch-Mischung langsam und unter ständigem Rühren zu den Eiern geben. Die Creme in feuerfeste Förmchen gießen und im Wasserbad im Backofen für etwa 40 Minuten stocken lassen.

Zum Servieren den übrigen Rohrzucker auf die gestockte Creme verteilen. Mit einem Bunsenbrenner karamellisieren. Das Pflaumenkompott dazu servieren.

*Crème brulée mit Schokolade & Kardamon

FÜR 4 PERSONEN

ZUBEREITUNG

Den Backofen auf 120 °C vorheizen und für das Wasserbad eine mit Wasser gefüllte Form zum Aufwärmen hineinstellen.

Die Hälfte der Schokolade im Wasserbad schmelzen. In einem Topf die Sahne mit der Milch, der Hälfte des Zuckers und dem Kardamom aufkochen, dann den Topf vom Herd nehmen. Die geschmolzene Schokolade zugießen.

Eier und Eigelbe miteinander verquirlen. Die Mischung durch ein feines Sieb passieren, um nicht gelöstes Eiweiß herauszufiltern. Die warme Sahne-Schoko-laden-Mischung langsam und unter ständigem Rühren zu den Eiern geben.

Die Creme in feuerfeste Förmchen gießen und im Wasserbad im Backofen für etwa 40 Minuten stocken lassen.

Zum Servieren den übrigen Rohrzucker auf die gestockte Creme verteilen. Mit einem Bunsenbrenner karamellisieren. Die übrigen Schokoladenriegel dazuna-schen.

ZUTATEN

100 g Vollmilch-schokolade

200 g Sahne

50 ml Milch

100 g brauner Rohrzucker

1 Prise gemahlener Kardamom

2 Eier (Klasse M)

2 Eigelb

*Crème brulée mit Erdbeeren

ZUTATEN

150 g Sahne

150 ml Milch

*100 g brauner Rohr-
zucker*

*1 Tasse frisch gebrühter
Espresso (40 ml)*

½ Vanilleschote

2 Eier (Klasse M)

2 Eigelb

*250 g frische Erdbeeren,
fein geschnitten*

ZUBEREITUNG

Den Backofen auf 120 °C vorheizen und für das Wasserbad eine mit Wasser gefüllte Form zum Aufwärmen hineinstellen.

In einem Topf die Sahne mit der Milch, 60 g Zucker, dem Espresso und dem ausgekratzten Vanillemark kochen, bis sich der Zucker aufgelöst hat. Den Topf vom Herd nehmen. Eier und Eigelbe miteinander verquirlen. Die Mischung durch ein feines Sieb passieren, um nicht gelöstes Eiweiß herauszufiltern. Das warme Sahne-Milch-Espresso-Gemisch langsam und unter ständigem Rühren zu den Eiern geben. Die eine Hälfte der Creme in feuerfeste Förmchen füllen und im Wasserbad im Backofen für etwa 15 Minuten stocken lassen.

Zu der anderen Hälfte der Creme die geschnittenen Erdbeeren geben. Die Erdbeercreme auf die erste, etwas abgekühlte Schicht geben und nochmals für 15 Minuten im Wasserbad im Backofen stocken lassen. Die Förmchen mit der Creme aus dem Ofen nehmen und abkühlen lassen.

Zum Servieren den übrigen Rohrzucker auf die gestockte Creme verteilen. Mit einem Bunsenbrenner karamellisieren.

Frisch geschlagene Sahne schmeckt köstlich dazu.

*Crème brulée mit Mohn

FÜR 4 PERSONEN
ZUBEREITUNG

Den Backofen auf 120 °C vorheizen und für das Wasserbad eine mit Wasser gefüllte Form zum Aufwärmen hineinstellen.

In einem Topf die Sahne mit 60 g Zucker und Salz aufkochen. Den Topf vom Herd nehmen und den Mohn unter ständigem Rühren einrieseln lassen, sodass sich keine Klümpchen bilden.

Den Apfel schälen, vierteln und entkernen, dann in kleine Würfel schneiden. In einem weiteren kleinen Topf mit dem Vanillezucker dünsten.

Das Ei und die Eigelbe miteinander verquirlen. Die Mischung durch ein feines Sieb passieren, um nicht gelöstes Eiweiß herauszufiltern. Unter ständigem Rühren in die Mohncreme geben.

In feuerfeste Förmchen zuerst jeweils 1 EL vom gedünsteten Apfel geben und vorsichtig die Creme darübergießen. Die Creme im Wasserbad im Backofen für etwa 40 Minuten stocken lassen.

Zum Servieren den übrigen Rohrzucker auf die gestockte Creme verteilen. Mit einem Bunsenbrenner karamellisieren. Die restlichen Apfelstückchen darüberstreuen und anrichten.

ZUTATEN

250 g Sahne

100 g brauner Rohrzucker

1 Prise Salz

1 EL Blau- oder Graumohn

1 süß-säuerlicher Apfel

1 Pck. Vanillezucker

1 Ei (Klasse M)

3 Eigelb

*Crème brulée mit Knuspermüsli

Für 4 Personen

ZUBEREITUNG

Den Backofen auf 120 °C vorheizen und für das Wasserbad eine mit Wasser gefüllte Form zum Aufwärmen hineinstellen.

In einem Topf die Sahne mit der Milch und der Hälfte des Zuckers aufkochen, dann den Topf vom Herd nehmen. Die Vanilleschote halbieren und das herausgekratzte Mark unter die Sahne-Milch-Mischung rühren.

Eier und Eigelbe miteinander verquirlen. Die Mischung durch ein feines Sieb passieren, um nicht gelöstes Eiweiß herauszufiltern. Die warme Sahne-Milch-Mischung langsam und unter ständigem Rühren zu den Eiern geben.

Die Creme in feuerfeste Förmchen füllen, dabei aber nicht zu voll gießen. Die Hälfte des Knuspermüslis hineinbröseln. Im Backofen im Wasserbad für 40 Minuten stocken lassen. Die Förmchen mit der Creme aus dem Ofen nehmen und abkühlen lassen.

Zum Servieren den übrigen Rohrzucker auf die gestockte Creme verteilen. Mit einem Bunsenbrenner karamellisieren. Von der übrigen Hälfte des Müslis etwas auf die knusprige Oberfläche streuen, den Rest zum Knabbern dazureichen.

ZUTATEN

150 g Sahne

100 ml Milch

80 g brauner Rohrzucker

½ Vanilleschote

2 Eier (Klasse M)

2 Eigelb

100 g Bio-Kakao-Crunch-Müsli

*Crème brulée mit orientalischen Gewürzen

FÜR 4 PERSONEN

ZUTATEN

200 g Sahne

100 g brauner Rohr-zucker

1 Vanilleschote

100 ml frisch gebrühter Espresso

100 ml frisch gebrühter Kaffee

2 Eier (Klasse M)

4 Eigelb

1 Prise gemahlener Kardamom

1 Prise frisch gemah-lener schwarzer Pfeffer zzgl. etwas für die Dekoration

1 Prise gemahlene Nelken

1 Prise gemahlene Muskatnuss

ZUBEREITUNG

Den Backofen auf 130 °C vorheizen und für das Wasserbad eine mit Wasser gefüllte Form zum Aufwärmen hineinstellen.

In einem Topf die Sahne mit der Hälfte des Zuckers kochen, bis sich der Zucker aufgelöst hat, dann den Topf vom Herd nehmen. Das herausgekratzte Vanille-mark, den Espresso und den Kaffee unterrühren.

Eier und Eigelbe miteinander verquirlen. Die Mischung durch ein feines Sieb passieren, um nicht gelöstes Eiweiß herauszufiltern. Die warme Sahne-Milch-Espresso-Mischung langsam und unter ständigem Rühren zu den Eiern geben. Die Gewürze einstreuen und vorsichtig umrühren.

Die Creme in feuerfeste Förmchen gießen und im Wasserbad im Backofen für etwa 40 Minuten stocken lassen. Die Förmchen mit der Creme aus dem Ofen nehmen und abkühlen lassen.

Zum Servieren den übrigen Rohrzucker auf die gestockte Creme verteilen. Mit einem Bunsenbrenner karamellisieren. Zum Schluss auf jede karamellisierte Oberfläche 1 Prise Pfeffer mahlen.

*Crème brulée mit Erdbeeren & Johannisbeeren

FÜR 4 PERSONEN

ZUBEREITUNG

ZUTATEN

Den Backofen auf 120 °C vorheizen und für das Wasserbad eine mit Wasser gefüllte Form zum Aufwärmen hineinstellen.

Die Erdbeeren und die Johannisbeerrispen putzen, waschen und trocken tupfen. Einige Früchte für die Dekoration beiseitelegen. Die übrigen Früchte fein zerkleinern.

Die Sahne mit der Milch, 120 g Zucker und dem ausgekratzten Vanillemark kochen, bis sich der Zucker gelöst hat, den Topf vom Herd nehmen. Eier und Eigelbe miteinander verquirlen. Die Mischung durch ein feines Sieb passieren, um nicht gelöstes Eiweiß herauszufiltern.

Das Fruchtpüree und die warme Sahne-Milch-Zucker-Mischung langsam und unter ständigem Rühren zu den Eiern geben. Die Creme in feuerfeste Förmchen gießen und im Wasserbad im Backofen für etwa 40 Minuten stocken lassen. Die Förmchen mit der Creme aus dem Ofen nehmen und abkühlen lassen.

Zum Servieren den übrigen Zucker auf die gestockte Creme verteilen und mit einem Bunsenbrenner karamellisieren. Abschließend die übrigen Früchte darauf verteilen.

200 g frische Erdbeeren

4 Rispen rote Johannisbeeren

150 g Sahne

150 ml Milch

160 g brauner Rohrzucker

½ Vanilleschote

2 Eier (Klasse M)

2 Eigelb

*Crème brulée mit Espresso

FÜR 4 PERSONEN
ZUBEREITUNG

ZUTATEN

200 g Sahne

*80 g brauner Rohr-
zucker*

*1 Tasse frisch gebrühter
Espresso (40 ml)*

2 Eier (Klasse M)

1 Eigelb

*½ TL gemahlener Kar-
damom*

*frisch gemahlener
schwarzer Pfeffer*

Den Backofen auf 110 °C vorheizen und für das Wasserbad eine mit Wasser gefüllte Form zum Aufwärmen hineinstellen.

Die Sahne mit der Hälfte des Rohrzuckers kochen, bis sich der Zucker aufgelöst hat, den Topf vom Herd nehmen. Dann den Espresso zugießen.

Eier und Eigelb miteinander verquirlen. Die Mischung durch ein feines Sieb passieren, um nicht gelöstes Eiweiß herauszufiltern. Die warme Sahne-Kaffee-Mischung langsam und unter ständigem Rühren zu den Eiern geben. Den Kardamom vorsichtig einrühren.

Die Creme in feuerfeste Förmchen gießen und im Wasserbad für etwa 40 Minuten im Backofen stocken lassen. Die Förmchen mit der Creme aus dem Ofen nehmen und abkühlen lassen.

Zum Servieren den übrigen Rohrzucker auf die gestockte Creme verteilen und mit einem Bunsenbrenner karamellisieren. Zum Schluss auf jede karamellisierte Oberfläche 1 Prise Pfeffer mahlen.

Das ist eine Geschmacksexplosion, versprochen!

*Crème brulée mit Rum-Rosinen Variante 1

FÜR 4 PERSONEN

ZUBEREITUNG

In einem kleinen Topf den Rum leicht erwärmen und dann die Rosinen mindestens 2 Stunden darin quellen lassen. Anschließend abgießen und abtropfen lassen, dabei den Rum auffangen.

Den Backofen auf 120 °C vorheizen und für das Wasserbad eine mit Wasser gefüllte Form zum Aufwärmen hineinstellen.

Die Eigelbe mit dem Zucker luftig aufschlagen. Nach und nach den warmen Rum zugießen. Alles zusammen bei niedriger Temperatur unter Rühren erhitzen, bis die Mischung cremig-schaumig geworden ist.

Den Topf vom Herd nehmen und etwa die Hälfte der Rosinen unterziehen, abkühlen lassen. Die Sahne gut steif schlagen und unter die Creme heben.

Die Creme in feuerfeste Förmchen gießen und im Wasserbad im Backofen für etwa 40 Minuten stocken lassen. Die Förmchen mit der Creme aus dem Ofen nehmen und abkühlen lassen.

Zum Servieren den Zucker auf die gestockte Creme verteilen, mit einem Bunsenbrenner karamellisieren und mit den verbliebenen Rum-Rosinen garnieren.

ZUTATEN

100 ml dunkler Rum

100 g Rosinen

6 Eigelb

100 g Zucker

100 g Sahne

40 g brauner Rohrzucker

*Crème brulée in vier Kaffeevariationen

FÜR 4 PERSONEN

ZUTATEN

200 g Sahne

80 g brauner Rohr-zucker

2 Eier (Klasse M)

2 Eigelb

1 Eigelb

zzgl. der Zutaten, wie bei den Varianten angegeben

ZUBEREITUNG

Den Backofen auf 120 °C vorheizen und für das Wasserbad eine mit Wasser gefüllte Form zum Aufwärmen hineinstellen.

In einem Topf die Sahne mit der Hälfte des Zuckers aufkochen. Eier und Eigelbe sehr schaumig schlagen, die Mischung durch ein feines Sieb passieren, um nicht gelöstes Eiweiß herauszufiltern. Die warme Sahnemischung langsam und unter ständigem Rühren zu den Eiern geben.

Die Creme zu gleichen Teilen in vier kleine Schüsseln geben. In jede Creme die Zutaten der jeweiligen Variante einrühren. Die Cremes in vier feuerfeste Förm-chen gießen und im Wasserbad im Backofen für etwa 40 Minuten stocken lassen. Die Förmchen mit der Creme aus dem Ofen nehmen und abkühlen lassen.

Zum Servieren den übrigen Rohrzucker auf die gestockte Creme verteilen und mit einem Bunsenbrenner karamellisieren.

Variante 1
40 ml frisch gebrühter Kaffee, ½ TL arabisches Kaffeegewürz

Variante 2
40 ml frisch gebrühter Kaffee, 1 TL Kakaopulver, 1 Prise Zimt

Variante 3
40 ml frisch gebrühter Cappuccino

Variante 4
40 ml Kakao, 1 TL lösliches Espressopulver

*Crème brulée mit Kokosmilch & Zimt

FÜR 4 PERSONEN

ZUTATEN

200 ml ungesüßte Kokosmilch (aus der Dose)

½ Vanilleschote

150 g Sahne

80 g brauner Rohrzucker

½ TL gemahlener Zimt

1 Pck. Vanillezucker

1 Ei (Klasse M)

3 Eigelb

ZUBEREITUNG

Den Backofen auf 120 °C vorheizen und für das Wasserbad eine mit Wasser gefüllte Form zum Aufwärmen hineinstellen.

Die Kokosmilch in einen Topf gießen. Aus der Vanilleschote das Mark herauskratzen und in die Kokosmilch geben. Die Sahne zugießen, 40 g Rohrzucker, den Zimt und den Vanillezucker zufügen. Alles unter ständigem Rühren aufkochen, bis sich der Zucker aufgelöst hat. Dann den Topf vom Herd nehmen.

Das Ei mit den Eigelben verquirlen. Durch ein feines Sieb passieren, um nicht gelöstes Eiweiß herauszufiltern. Die Eimischung anschließend langsam in die warme Creme einrühren.

Die Creme in feuerfeste Förmchen gießen und im Wasserbad im Backofen für etwa 40 Minuten stocken lassen.

Zum Servieren den übrigen Zucker auf die gestockte Creme verteilen und mit einem Bunsenbrenner karamellisieren.

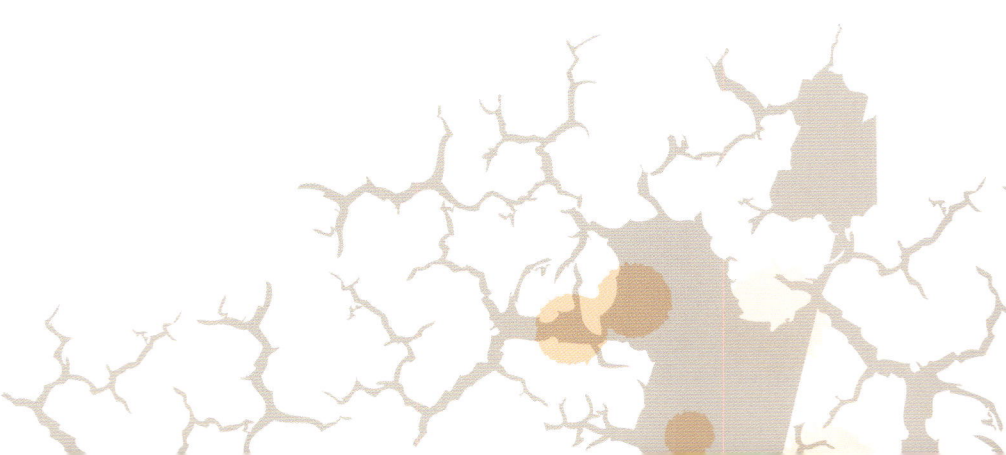

*Crème brulée mit Eierlikör

ZUBEREITUNG

ZUTATEN

Den Backofen auf 120 °C vorheizen und für das Wasserbad eine mit Wasser gefüllte Form zum Aufwärmen hineinstellen.

In einem Topf die Sahne, 50 ml Eierlikör, die Milch, die Kokosmilch und 60 g Zucker gut mischen und unter ständigem Rühren aufkochen. Dann den Topf vom Herd nehmen.

Die Eier mit den Eigelben verquirlen und durch ein feines Sieb passieren, um nicht gelöstes Eiweiß herauszufiltern. Die Eimischung langsam in die warme Sahnecreme einrühren.

Die Creme in feuerfeste Förmchen gießen und im Wasserbad im Backofen für etwa 40 Minuten stocken lassen. Die Förmchen mit der Creme aus dem Ofen nehmen und abkühlen lassen.

Zum Servieren den übrigen Rohrzucker auf die gestockte Creme verteilen und mit einem Bunsenbrenner karamellisieren. Den übrigen Eierlikör über den karamellisierten Zucker träufeln.

Wer mag, kann dazu Obstkompott reichen.

250 g Sahne

100 ml Eierlikör

150 ml Milch

500 ml ungezuckerte Kokosmilch

100 g brauner Rohrzucker

2 Eier (Klasse M)

2 Eigelb

*Crème brulée mit Rum-Rosinen Variante 2

Für 4 Personen

ZUTATEN

50 ml dunkler Rum

80 g Rosinen

3 Eigelb

1 Ei (Klasse M)

120 g brauner Rohr-zucker

50 g Sahne

ZUBEREITUNG

In einem Topf den Rum leicht erwärmen und die Rosinen darin für 30 Minuten quellen lassen.

Die Eigelbe, das Ei und 80 g Zucker schaumig schlagen. Die Crememischung durch ein feines Sieb passieren, um nicht gelöstes Eiweiß herauszufiltern.

Die Rosinen abtropfen lassen, dabei den Rum auffangen. Einige Rosinen für die Dekoration beiseitelegen. Zunächst den Rum, dann 50 ml kaltes Wasser unter die Eicreme geben.

Diese Creme in einem Topf bei niedriger Temperatur etwa 5 Minuten unter Rühren erhitzen, bis sie schaumig geworden ist. Die Sahne steif schlagen und vorsichtig unterheben. Die Rosinen unterziehen, nach Belieben einige für die Dekoration beiseitelegen. Die Creme in Förmchen füllen und kalt stellen.

Zum Servieren mit dem übrigen Zucker bestreuen und mit dem Bunsenbrenner karamellisieren. Mit Rum-Rosinen garnieren.

Ohne Backofen!

Ohne Wasserbad!

*Crème brulée mit Kokosmilch Variante 2

FÜR 4 PERSONEN

ZUBEREITUNG

Den Backofen auf 150 °C vorheizen und für das Wasserbad eine mit Wasser gefüllte Form zum Aufwärmen hineinstellen.

Die Kardamomkapseln andrücken und nur die Samen in einer heißen Pfanne ohne Fett bräunen. Fein hacken oder im Mörser zerreiben, beiseitestellen.

In einer Schüssel die Eigelbe und 10 g Zucker mit dem Mixer zu einer hellen, schaumigen Creme verrühren.

In einem Topf die Kokosmilch mit der Vanilleschote erhitzen. Die Vanilleschote herausnehmen und die warme Kokosmilch unter Rühren in die Eicreme geben. Kardamom und Salz zufügen.

Feuerfeste Förmchen mit Kokosfett ausstreichen und die Creme hineingießen. Im Wasserbad im Backofen für etwa 40 Minuten stocken lassen.

Die Förmchen mit der Creme aus dem Ofen nehmen und abkühlen lassen. Zum Servieren den übrigen Rohrzucker auf die gestockte Creme verteilen. Mit einem Bunsenbrenner karamellisieren und bald genießen.

ZUTATEN

10 Kardamomkapseln

5 Eigelb

50 g brauner Rohrzucker

500 ml ungezuckerte Kokosmilch

1 Vanilleschote

1 Prise Salz

Kokosfett für die Förmchen

Geeignet bei Laktoseintoleranz

*Panna cotta

DIE SÜSSEN

*Schoko-Sahne-Panna-cotta

ZUTATEN

ZUBEREITUNG

6 Blätter Gelatine

200 g Vollmilchschokolade zzgl. etwas zum Dekorieren

200 g Sahne

100 ml Milch

80 g brauner Rohrzucker

1 Prise gemahlener Zimt

1 Prise gemahlener Kardamom

Schokokaffeebohnen zum Dekorieren

Die Gelatine nach Packungsanleitung einweichen.

In einer Schüssel im Wasserbad die Schokolade schmelzen.

In einem Topf die Sahne mit der Milch aufkochen, dann die Schokolade, den Zucker und die Gewürze zügig und gleichmäßig unter die Sahne-Milch-Mischung rühren. Die Gelatine ausdrücken und ebenfalls unter Rühren in der warmen Creme auflösen. Die Förmchen kalt ausspülen, die Creme einfüllen und über Nacht kalt stellen.

Zum Servieren stürzen und mit Schokoladenstückchen und Schokokaffeebohnen dekorieren.

*Panna cotta black & milky brown

ZUBEREITUNG

Separat 4 Blätter und 2 Blätter Gelatine nach Packungsanleitung einweichen.

Von den Schokoladen jeweils etwas für die Dekoration abhobeln und beiseitestellen.

In einer Schüssel im Wasserbad die weiße Schokolade mit 30 g Zartbitterschokolade schmelzen, gut verrühren. Separat in einer weiteren Schüssel im Wasserbad die restliche Zartbitterschokolade schmelzen.

In einem Topf Mascarpone und Crème double erhitzen, aber nicht kochen.

Ein Drittel von der Creme abschöpfen und mit der geschmolzenen Zartbitterschokolade vermengen. Unter die verbleibenden zwei Drittel der Mascarponecreme die hellere geschmolzene Schokolade rühren.

Die Gelatine ausdrücken: 2 Blätter unter die warme Zartbitterschokoladencreme rühren, 4 Blätter unter die helle Creme rühren, jeweils bis sich die Gelatine aufgelöst hat.

Die Förmchen kalt ausspülen. Zuerst die helle Panna cotta einfüllen und für 1 Stunde kalt stellen. Darauf die dunkle Panna cotta geben und alles über Nacht kalt stellen.

Zum Servieren mit Schokoladenhobel und Krokant bestreuen.

Etwas aufwendiger zuzubereiten, aber sehr attraktiv!

ZUTATEN

6 Blätter Gelatine

300 g weiße Schokolade

100 g Zartbitterschokolade

200 g Mascarpone

400 g Crème double

1 EL Karamellkrokant

*Kirsch-Honigkuchen-Panna-cotta

ZUTATEN

6 Blätter Gelatine

....

500 g Sahne

....

50 g brauner Rohr-zucker

....

1 Pck. Vanillezucker

....

1 kleines Glas Kirschmarmelade

....

4 Scheiben hollän-discher Honigkuchen

....

ZUBEREITUNG

Die Gelatine nach Packungsanleitung einweichen.

In einem Topf die Sahne mit dem Zucker aufkochen. Den Topf vom Herd neh-men und den Vanillezucker zugeben.

Die Gelatine ausdrücken und unter Rühren in der warmen Creme auflösen. Die Förmchen kalt ausspülen. Zunächst die Marmelade einfüllen, dann mit Panna cotta auffüllen und über Nacht kalt stellen.

Zum Servieren stürzen und mit Honigkuchenbröseln bestreuen.

Diese Zutaten oder ganz ähnliche für Nachtischfans haben Sie im Hause. Die Panna cotta können Sie am Vortag für Gäste vorbereiten und schnell anrichten.

*Zitronen-Joghurt-Panna-cotta

FÜR 4 PERSONEN

ZUBEREITUNG

ZUTATEN

6 Blätter Gelatine

3 unbehandelte Zitronen

400 g Naturjoghurt

6 EL flüssiger Honig

150 g Sahne

2 Stängel Zitronenmelisse zzgl. einige Blättchen für die Dekoration

Zitronenscheiben für die Dekoration

Die Gelatine nach Packungsanleitung in zwei getrennten Portionen einweichen, einmal 4 Blätter und einmal 2 Blätter.

Die Schale der Zitronen abreiben und beiseitestellen, den Saft auspressen.

Den Joghurt mit 4 EL Zitronensaft und 4 EL Honig verrühren. In einem Topf erwärmen. 4 Gelatineblätter ausdrücken und unter den Joghurt rühren, bis sich die Gelatine aufgelöst hat. Die Sahne fest schlagen und unter die Joghurtcreme heben.

Die Förmchen kalt ausspülen und die Joghurtcreme als erste Schicht einfüllen. Für gut 30 Minuten kalt stellen.

Die Melissestängel waschen, trocken schütteln und die Blättchen abzupfen. In feine Streifen schneiden und beiseitestellen. In einem Topf den übrigen Zitronensaft (es sollten etwa 100 ml sein, ggf. mit Wasser auffüllen) mit dem restlichen Honig und 50 ml Wasser verrühren. Die abgeriebene Zitronenschale unterrühren. Alles aufkochen lassen, dann den Topf vom Herd nehmen.

Die beiden übrigen Gelatineblätter ausdrücken und gut in die warme Saftmischung rühren, bis sich die Gelatine aufgelöst hat. Anschließend die Melisse unterheben und die Mischung für 30 Minuten kalt stellen. Dann die Saftmischung auf die Joghurtschicht gießen. Über Nacht kalt stellen.

Zum Servieren Melisseblättchen und Zitronenscheiben um die gestürzte Panna cotta dekorieren.

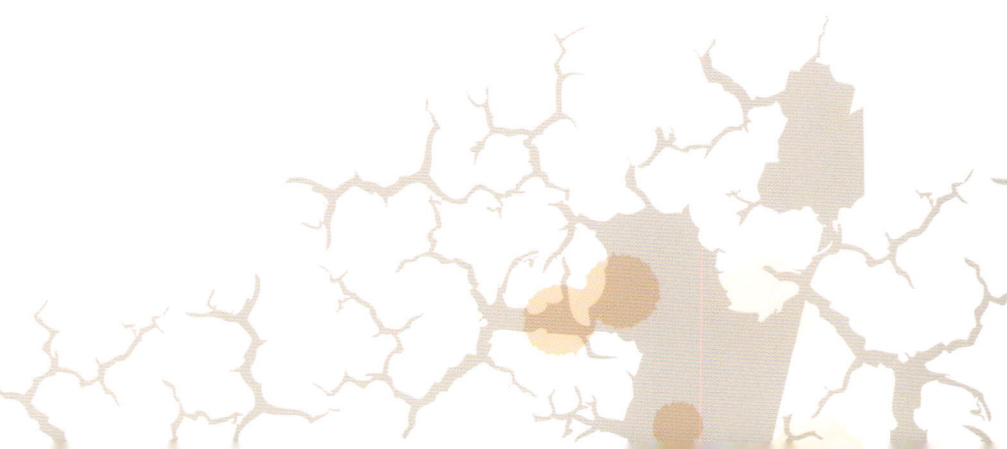

*Rosarote Himbeer-Panna-cotta

FÜR 4 PERSONEN

ZUBEREITUNG

Die Gelatine nach Packungsanleitung einweichen.

Die Himbeeren verlesen, waschen und vorsichtig trocken tupfen. Die Hälfte der Früchte fein pürieren. Um die Kerne herauszufiltern, das Püree durch ein feines Sieb streichen. Die übrigen Früchte kühl stellen.

In einem Topf die Sahne mit dem Zucker aufkochen, den Topf vom Herd nehmen. Das Himbeerpüree und die Mandeln unter die Creme ziehen.

Die Gelatine ausdrücken und unter Rühren in der warmen Creme auflösen.

Die Förmchen kalt ausspülen, die Creme einfüllen und über Nacht kalt stellen.

Zum Servieren die Creme stürzen und mit Himbeeren dekorieren. Mit viel Puderzucker bestäubt reichen.

ZUTATEN

6 Blätter Gelatine

600 g Himbeeren

500 g Sahne

100 g brauner Rohr-zucker

150 g gemahlene weiße Mandeln

Puderzucker zum Be-stäuben

*Schoko-Maronenmus-Panna-cotta

ZUTATEN

ZUBEREITUNG

6 Blätter Gelatine

100 g Vollmilch-schokolade

100 g gekochte Maro-nen (FP)

400 g Sahne

200 ml Milch

80 g brauner Rohr-zucker

1 Prise Zimt

1 Prise gemahlener Kardamom

Die Gelatine nach Packungsanleitung einweichen.

In einer Schüssel die Schokolade im Wasserbad schmelzen. Die Maronen zu einem feinen Mus pürieren, zuvor einige für die Dekoration beiseitelegen.

In einem Topf die Sahne mit der Milch aufkochen. Die Schokolade und das Maronenmus zugeben. Zucker, Zimt und Kardamom einrieseln lassen und alles gut verrühren.

Die Gelatine ausdrücken und unter Rühren in der warmen Creme auflösen. Die Förmchen kalt ausspülen, die Creme einfüllen und über Nacht kalt stellen. Zum Servieren stürzen und mit Maronen dekorieren.

*Panna-cotta-Verführung mit Rum

FÜR 4 PERSONEN

ZUBEREITUNG

Die Gelatine nach Packungsanleitung einweichen.

In einem Topf die Sahne mit dem Zucker, der Zimtstange und dem Vanillezucker aufkochen. Den Topf vom Herd nehmen und die Zimtstange herausnehmen. Rum, Zimtpulver und Muskat zugeben.

Die Gelatine ausdrücken und unter Rühren in der warmen Creme auflösen.

Die Förmchen kalt ausspülen, die Creme einfüllen und über Nacht kalt stellen.

Zum Servieren etwas Rohrzucker mit Zimt mischen und die gestürzte Panna cotta damit bestreuen.

ZUTATEN

6 Blätter Gelatine

500 g Sahne

100 g brauner Rohrzucker zzgl. etwas für die Dekoration

1 Zimtstange

1 Pck. Vanillezucker

1 TL weißer Rum

1 Prise gemahlene Zimt zzgl. etwas für die Dekoration

1 Msp. frisch geriebene Muskatnuss

*Panna cotta with love

6 Blätter Gelatine

1 Vanilleschote

500 g Sahne

100 g Zucker

500 g frische Erdbeeren

Gebäck in Herzform für die Dekoration

Rosenblüten für die Dekoration

FÜR 4 PERSONEN

ZUBEREITUNG

Die Gelatine nach Packungsanleitung einweichen.

Die Vanilleschote aufschneiden und das Mark herauskratzen. In einem Topf die Sahne mit dem Zucker und dem Vanillemark aufkochen. Den Topf vom Herd nehmen.

Die Gelatine ausdrücken und unter Rühren in der warmen Creme auflösen.

Die Förmchen kalt ausspülen, die Creme einfüllen und über Nacht kalt stellen.

Zum Servieren die Erdbeeren putzen und zur gestürzten Panna cotta reichen. Mit Herzkeksen und Rosenblüten dekorieren.

*Mandel-Nussnougat-Panna-cotta

FÜR 4 PERSONEN

ZUBEREITUNG

Die Gelatine nach Packungsanleitung einweichen.

In einem Topf die Sahne mit dem Zucker und den gemahlenen Mandeln aufkochen. Den Topf vom Herd nehmen und den Mandellikör unter die Creme ziehen. Die Gelatine ausdrücken und unter Rühren in der warmen Creme auflösen.

Von der Creme 4 EL abnehmen und beiseitestellen. Unter die übrige Creme die Nussnougatcreme ziehen.

Die Förmchen kalt ausspülen, dann zuerst die Nussnougatcreme, darauf die weiße Mandelcreme einfüllen und über Nacht kalt stellen.

Zum Servieren mit Mandelblättchen belegen.

Reichen Sie dazu Mandelgebäck!

ZUTATEN

6 Blätter Gelatine

500 g Sahne

100 g brauner Rohrzucker

100 g gemahlene weiße Mandeln

2 EL Mandellikör

2 EL Nussnougatcreme

2 EL Mandelblättchen für die Dekoration

*Mandarinen-Vanille-Sweeties

ZUTATEN

6 Blätter Gelatine

8 Kardamomkapseln

500 g Sahne

50 g brauner Rohr-zucker

1 Pck. Vanillezucker

4 EL Mandarinen- oder Aprikosenmarmelade

4 Scheiben hollän-discher Honigkuchen

1 kleine Dose Mandarinen

ZUBEREITUNG

Die Gelatine nach Packungsanleitung einweichen.

Die Kardamomkapseln zerdrücken, die Samen herauslösen und fein mörsern.

In einem Topf die Sahne mit dem Zucker aufkochen. Den Topf vom Herd neh-men und den Kardamom und den Vanillezucker zugeben. Die Gelatine ausdrü-cken und unter Rühren in der warmen Creme auflösen.

Die Förmchen kalt ausspülen. Zunächst die Marmelade auf die Förmchen ver-teilen, dann mit Panna cotta auffüllen und über Nacht kalt stellen.

Zum Servieren mit zerbröseltem Honigkuchen und Mandarinen anrichten.

*Brombeer-Joghurt-Traum

Für 4 Personen

ZUBEREITUNG

Die Gelatine nach Packungsanleitung einweichen.

In einem Topf die Milch mit dem Zucker und der Zitronenschale aufkochen. Den Topf vom Herd nehmen. Die Gelatine ausdrücken und unter Rühren in der warmen Creme auflösen. Dann den Joghurt unterziehen.

Die Förmchen kalt ausspülen und das Brombeergelee darauf verteilen. Die Creme einfüllen und über Nacht kalt stellen.

Zum Servieren die Brombeeren verlesen und waschen. Die Melisse waschen und trocken schütteln, die Blättchen abzupfen. Die Panna cotta mit den Brombeeren und den Minzeblättchen anrichten

Dieser Frischetraum ist prima vorzubereiten!

ZUTATEN

6 Blätter Gelatine

100 ml Milch

100 g brauner Rohrzucker

abgeriebene Schale von 1 unbehandelten Zitrone

400 g Naturjoghurt

4 EL Brombeergelee

500 g Brombeeren

4 Stängel Zitronenmelisse

* Panna cotta

DIE HERZHAFTEN

*Panna cotta mit Wildkräutern

FÜR 4 PERSONEN

ZUTATEN

ZUBEREITUNG

6 Blätter Gelatine

10 Stängel Giersch

10 Stängel Gundermann

1 Knoblauchzehe

400 g Sahne

½ TL Salz

200 g Naturjoghurt

frisch gemahlener weißer Pfeffer

Die Gelatine nach Packungsanleitung einweichen.

Die Kräuter waschen und trocken schütteln. Die Blätter abzupfen und fein schneiden, zuvor einige für die Dekoration beiseitelegen. Den Knoblauch zerdrücken.

In einem Topf die Sahne mit Knoblauch, Salz und Pfeffer aufkochen. Den Topf vom Herd nehmen und etwas abkühlen lassen.

In die Sahnecreme den Joghurt einrühren und die Wildkräuter unterheben. Die Gelatine ausdrücken und unter Rühren in der warmen Creme auflösen.

Die Förmchen kalt ausspülen, die Creme einfüllen und nochmals vorsichtig umrühren – es soll sich nichts am Boden absetzen. Über Nacht kalt stellen.

Zum Servieren die Creme auf eine Platte stürzen und mit den übrigen Wildkräutern dekorieren.

*Panna cotta mit Sushi-Feeling

FÜR 4 PERSONEN

ZUBEREITUNG

ZUTATEN

6 Blätter Gelatine

400 g Sahne

100 ml Milch

1 Prise Zucker

8 küchenfertig gegarte Garnelen

½ TL feines Fleur de Sel

2 EL Sesam

½ TL Wasabi

½ TL geriebener Ingwer

½ EL Sojasauce

frisch gemahlener weißer Pfeffer

Sushi zum Servieren

Die Gelatine nach Packungsanleitung einweichen.

In einem Topf die Sahne mit der Milch und dem Zucker aufkochen, dann den Topf vom Herd nehmen und etwas abkühlen lassen.

Die Garnelen sehr fein schneiden. Mit dem Fleur de Sel und 1 EL Sesam in die Sahnecreme geben, mit Pfeffer würzen. Die Gelatine ausdrücken und unter Rühren in der warmen Creme auflösen. Die Förmchen kalt ausspülen, die Creme einfüllen und nochmals vorsichtig umrühren. Über Nacht kalt stellen.

Zum Servieren die Panna cotta stürzen und mit dem restlichen Sesam, Wasabi, Ingwer und Sojasauce dekorieren.

Reichen Sie Sushi dazu, aber kaufen Sie frische Shushi-Zutaten bester Qualität nur bei einem Lieferanten Ihres Vertrauens.

*Joghurt-Panna-cotta mit Meeresfrüchten

FÜR 4 PERSONEN

ZUBEREITUNG

Die Gelatine nach Packungsanleitung einweichen.

In einem Topf die Sahne mit Zucker, Salz und Pfeffer aufkochen. Den Topf vom Herd nehmen und etwas abkühlen lassen. Den Ingwer schälen und reiben. Den Joghurt einrühren, danach Rosenpaprika, Ingwer und Cayennepfeffer zufügen. Nochmals abschmecken, diese Creme sollte sehr pikant sein.

Die Gelatine ausdrücken und unter Rühren in der warmen Creme auflösen. Die Förmchen kalt ausspülen und die Creme einfüllen. Über Nacht kalt stellen.

Zum Servieren den Meeresfrüchtesalat anrichten, dazu die Panna cotta stürzen und mit etwas Rosenpaprika bestäuben.

ZUTATEN

6 Blätter Gelatine

200 g Sahne

50 g brauner Rohr-zucker

1 TL Salz

½ TL frisch gemahle-ner weißer Pfeffer

200 g Naturjoghurt

1 cm Ingwer

½ TL Rosenpaprika

1 Msp. Cayennepfeffer

500 g frischer pikanter Meeresfrüchtesalat vom Fischhändler

105

*Panna cotta hot & spicy

FÜR 4 PERSONEN
ZUBEREITUNG

Die Gelatine nach Packungsanleitung einweichen.

Die Chilischote waschen, halbieren, entkernen und in feine Stücke schneiden (dazu am besten Handschuhe tragen), beiseitestellen. Die weiße Schokolade in einer kleinen Schüssel im Wasserbad schmelzen.

In einem Topf die Sahne mit dem Zucker aufkochen. Den Topf vom Herd nehmen und etwas abkühlen lassen. Die Chilistückchen zugeben, die flüssige Schokolade einfließen lassen und dann die Crème double einrühren.

Die Pfefferbeeren fein mörsern. Mit Salz und Pfeffer zur Creme geben. Die Gelatine ausdrücken und unter Rühren in der warmen Creme auflösen.

Die Förmchen kalt ausspülen und die Creme einfüllen. Über Nacht kalt stellen. Zum Servieren die Panna cotta auf eine Platte stürzen und mit Pfefferbeeren dekorieren

Achtung: hot & spicy! Weisen Sie Ihre Gäste auf die Schärfe hin.

ZUTATEN

6 Blätter Gelatine

1 rote Chilischote

50 g weiße Schokolade

400 g Sahne

50 g brauner Rohrzucker

100 g Crème double

½ EL rote Pfefferbeeren zzgl. einige zum Dekorieren

Salz

frisch gemahlener schwarzer Pfeffer

*Panna cotta mit Schnittlauch & Sauerampfer

FÜR 4 PERSONEN

ZUTATEN

6 Blätter Gelatine

1 Bund Schnittlauch

10 Sauerampferblätter (möglichst mit roten Blattadern)

1 Knoblauchzehe

1 Schalotte

500 g Sahne

½ TL Salz

frisch gemahlener grüner Pfeffer

1 Rolle Frischkäse mit Schnittlauch und etwas Vollkornbrot zum Anrichten

ZUBEREITUNG

Die Gelatine nach Packungsanleitung einweichen.

Die Kräuter waschen und trocken schütteln. Den Schnittlauch in feine Röllchen schneiden. Die Sauerampferblätter abzupfen und fein schneiden, zuvor einige Blätter für die Dekoration beiseitelegen. Den Knoblauch zerdrücken und die Schalotte fein hacken.

In einem Topf die Sahne mit Knoblauch, Schalotte, Salz und 1 Prise grünem Pfeffer aufkochen. Den Topf vom Herd nehmen und etwas abkühlen lassen.

In diese Sahnecreme die geschnittenen Kräuter geben. Die Gelatine ausdrücken und unter Rühren in der warmen Creme auflösen. Die Förmchen kalt ausspülen und die Creme einfüllen, nochmals vorsichtig umrühren. Über Nacht kalt stellen.

Zum Servieren die Creme auf eine Platte stürzen. Mit Frischkäsescheiben und Kräutern dekorieren.

*Panna cotta mit Orangen & Thymian

ZUTATEN

ZUBEREITUNG

6 Blätter Gelatine

500 g Sahne

2 g Fleur de Sel zzgl. 1 Msp. für die Dekoration

100 g brauner Rohrzucker

½ TL Zitronensaft

2 Stängel frischer Thymian

4 Mandarinen oder 2 Orangen

2 cl Orangenlikör

Die Gelatine nach Packungsanleitung einweichen.

In einem Topf die Sahne mit Fleur de Sel erhitzen, aber nicht kochen lassen. In einer Kasserolle den Zucker mit dem Zitronensaft karamellisieren lassen. Die warme Sahne langsam zugießen und das Karamell ablöschen. So lange ziehen lassen, bis sich der Karamellzucker aufgelöst hat. Die Gelatine ausdrücken und in die Sahnemischung rühren, bis sie sich aufgelöst hat.

Den Thymian waschen und trocken schütteln. Einige Blättchen abzupfen und fein scheiden, die Stängel für die Dekoration beiseitelegen. Die fein geschnittenen Thymianblättchen unter die Panna cotta heben.

Die Förmchen kalt ausspülen, die Creme einfüllen und über Nacht kalt stellen.

Zum Servieren die Orangen oder Mandarinen schälen und filetieren. Fächerförmig auf einer Platte anrichten, in der Mitte Platz für die Panna cotta lassen. Weitere Thymianblättchen abzupfen oder kleine Segmente abbrechen und sparsam auf den Orangenfilets verteilen. Die Panna cotta in die Mitte der Fruchtstücke stürzen. Den Orangenlikör über die Früchte und Panna cotta träufeln, zum Schluss Fleur-de-Sel-Flocken über das Ganze streuen.

Thymian, Orangen und Fleur de Sel gehen hier eine extrem aromenreiche kulinarische Beziehung ein.

*Rosmarin-Panna-cotta im Parmesanbett mit Knoblauch

Für 4 Personen

ZUBEREITUNG

Die Gelatine nach Packungsanleitung einweichen.

Den Knoblauch schälen und fein hacken. Den Rosmarin waschen, trocken schütteln, die Blättchen vom Zweig zupfen und ebenfalls sehr fein hacken.

In einem Topf die Sahne mit Knoblauch, Rosmarin, Milch, Ingwer, weißem Pfeffer und Fleur de Sel aufkochen. Den Topf vom Herd nehmen. Die Gelatine ausdrücken und unter Rühren in der Creme auflösen.

Die Förmchen kalt ausspülen und die Creme einfüllen. Über Nacht kalt stellen.

Zum Servieren den Parmesan auf Tellern anrichten, die Panna cotta darauf-stürzen und mit Olivenöl beträufeln. Etwas schwarzen Pfeffer darübermahlen.

Ein kulinarisches „easy going special" für einen späten Nachmittag.

ZUTATEN

5 Blätter Gelatine

1 Knoblauchzehe

1 Rosmarinzweig

400 g Sahne

100 ml Milch

1 Prise gemahlener Ingwer

½ TL frisch gemahlener weißer Pfeffer

½ TL Fleur de Sel

4 EL gehobelter Parmesan

2 EL feines Olivenöl

frisch gemahlener schwarzer Pfeffer

*Panna cotta mit Kalbsleber & Thymian

FÜR 4 PERSONEN

ZUBEREITUNG

Die Gelatine nach Packungsanleitung einweichen.

Den Knoblauch schälen und sehr fein hacken. Den Thymian waschen, trocken schütteln und von einem Stängel die Blättchen abzupfen, fein schneiden. Den übrigen Thymian für die Dekoration beiseitelegen.

In einem Topf Sahne und Milch mit dem Knoblauch, dem Salz und etwas gemahlenem Pfeffer aufkochen. Die feine Kalbsleberwurst gut unterrühren. Den Topf vom Herd nehmen und alles etwas abkühlen lassen.

Die geschnittenen Thymianblättchen zugeben. Die Gelatine ausdrücken und unter Rühren in der warmen Creme auflösen.

Die Förmchen kalt ausspülen, die Creme einfüllen und nochmals vorsichtig umrühren. Über Nacht kalt stellen.

Zum Servieren auf eine Platte stürzen und rundherum mit weiteren Thymianstängeln dekorieren.

ZUTATEN

5 Blätter Gelatine

1 Knoblauchzehe

3 Stängel frischer Thymian

400 g Sahne

100 ml Milch

½ TL Salz

150 g feine Kalbsleberwurst

frisch gemahlener weißer Pfeffer

*Curry-Panna-cotta mit Mango & grünem Pfeffer

FÜR 4 PERSONEN

ZUTATEN

5 Blätter Gelatine

1 reife Mango

1 EL dunkler Balsamico

1 TL brauner Rohrzucker

1 Msp. Chilipulver

½ TL gemahlener grüner Pfeffer zzgl. etwas zum Abschmecken

400 g Sahne

100 ml Milch

50 g Zucker

½ TL Salz

1 TL gemahlener Zitronencurry

1 EL grüne Pfefferkörner zum Dekorieren

ZUBEREITUNG

Die Gelatine nach Packungsanleitung einweichen.

Die Mango schälen und in mundgerechte Würfel schneiden, in eine Schüssel legen. Den Balsamico mit dem Rohrzucker, 1 Prise Chili und dem gemahlenen Pfeffer vermischen. Als Marinade über die Mangostückchen geben, umrühren und beiseitestellen.

In einem Topf die Sahne mit Milch, Zucker und Salz aufkochen, dann den Topf vom Herd nehmen und etwas abkühlen lassen. Zitronencurry und 1 Prise Chili einstreuen, eventuell mit mehr grünem Pfeffer abschmecken. Die Gelatine ausdrücken und unter Rühren in der warmen Creme auflösen. Die Förmchen kalt ausspülen und die Creme einfüllen. Über Nacht kalt stellen.

Zum Servieren die Panna cotta auf eine Platte stürzen. Mit der angemachten Mango und den grünen Pfefferkörnern dekorieren.

*Panna cotta im Paprika-Tomaten-Rausch

FÜR 4 PERSONEN
ZUBEREITUNG

Die Gelatine nach Packungsanleitung einweichen.

Die Paprika waschen, entkernen und die weißen Häutchen entfernen. Dann in Ringe schneiden. Vier schöne Ringe für die Dekoration beiseitelegen. Die restlichen Paprikaringe in feine Stücke schneiden. Die Datteltomaten waschen, abtrocknen und halbieren, dann entkernen. Für die Dekoration beiseitelegen.

In einem Topf die Sahne mit dem Salz und 1 Prise Pfeffer aufkochen. Den Topf vom Herd nehmen und etwas abkühlen lassen. Die Paprikastückchen und das Tomatenmark zugeben und gut verrühren.

Die Gelatine ausdrücken und unter Rühren in der warmen Creme auflösen.

Die Förmchen kalt ausspülen und die Creme einfüllen, nochmals vorsichtig umrühren, damit sich nichts am Boden absetzt. Über Nacht kalt stellen.

Zum Servieren die Creme auf eine Platte stürzen, dabei vorsichtig in jeweils einen Paprikaring platzieren. Mit Frischkäse und Datteltomaten garnieren.

ZUTATEN

6 Blätter Gelatine

1 rote Paprika

6 Datteltomaten

500 g Sahne

½ TL Salz

½ EL Tomatenmark

frisch gemahlener weißer Pfeffer

1 Rolle Frischkäse mit Paprika zum Anrichten

*Schinken-Kräuter-Panna-cotta

ZUTATEN

5 Blätter Gelatine

4 Stängel glatte Petersilie

1 Knoblauchzehe

400 g Sahne

100 ml Milch

½ TL Salz

100 g geräucherte Schinkenwürfel

frisch gemahlener weißer Pfeffer

ZUBEREITUNG

Die Gelatine nach Packungsanleitung einweichen.

Die Petersilie waschen, trocken schütteln und 2 Stängel für die Dekoration beiseitelegen. Die übrige Petersilie sehr fein schneiden. Den Knoblauch schälen und sehr fein hacken.

In einem Topf Sahne und Milch mit dem Knoblauch, dem Salz und 1 Prise gemahlenem Pfeffer aufkochen. Den Topf vom Herd nehmen und etwas abkühlen lassen.

Die Gelatine ausdrücken und unter Rühren in der warmen Creme auflösen. Die geschnittene Petersilie und die Schinkenwürfel zugeben, gut vermengen.

Die Förmchen kalt ausspülen und die Creme hineingeben. Nochmals vorsichtig umrühren – die Schinkenwürfel sollen nicht nur unten am Boden sein. Über Nacht kalt stellen.

Zum Servieren auf eine Platte stürzen und mit Petersilie dekorieren.

*Basilikum-Tomaten-Snack

FÜR 4 PERSONEN

ZUBEREITUNG

Die Gelatine nach Packungsanleitung einweichen.

Den Knoblauch schälen und sehr fein hacken. In einem Topf Sahne, Milch und Knoblauch mit Salz, Muskat und 1 Prise gemahlenem Pfeffer aufkochen. Den Topf vom Herd nehmen und etwas abkühlen lassen.

Das Basilikum waschen, trocken schütteln und die Blättchen abzupfen. Einige für die Dekoration beiseitelegen. Die restlichen Blätter fein schneiden.

Die Cocktailtomaten waschen. Vier kleine Tomaten halbieren, entkernen und das Fleisch klein schneiden. Die übrigen Tomaten für die Dekoration beiseitelegen. Basilikumblätter und Tomaten in die Creme rühren, bis sie sich gleichmäßig verteilt haben.

Die Gelatine ausdrücken und unter Rühren in der warmen Creme auflösen. Die Förmchen kalt ausspülen und die Creme einfüllen. Vorsichtig umrühren und über Nacht kalt stellen.

Zum Servieren die Creme auf eine Platte stürzen und mit Basilikumblättchen und Cocktailtomaten rundherum dekorieren.

Mit knusprig-frischem Landbrot eine echte Zwischenmahlzeit.

ZUTATEN

6 Blätter Gelatine

1 Knoblauchzehe

400 g Sahne

100 ml Milch

½ TL Salz

1 Prise gemahlene Muskatnuss

1 Bund Basilikum

200 g Cocktailtomaten

frisch gemahlener weißer Pfeffer

Rezeptverzeichnis

Herzhafte
Crème brulée mit ...

Süße
Crème brulée mit …

Rezeptverzeichnis

Süße

Panna cotta mit ...

Herzhafte

Panna cotta mit ...

Specials ...

Dank

Den Anstoß zum Experimentieren mit Crème brulée und Panna cotta gaben mir meine belgischen Freunde, die ich oft und gerne besuche. Kulinarischer Genuss wird in Belgien hoch geschätzt – dort habe ich viele gute Küchenchefs voller Experimentierfreudigkeit getroffen und mich davon anstecken lassen. Vor diesem Hintergrund entstand das Buch.

Begleitet haben mich:

als einfühlsame Gestalterin in der Grafik

Mandy Kotsch, Dipl. Kommunikationsdesignerin (FH), Taunusstein

mit gutem Gespür fürs Bild

Iris Kaczmarczyk, Fotografin, Wiesbaden

mit sicherem, feinfühligem Textgespür als Lektorin

Sabine Durdel-Hoffmann, Essen

Text, Rezepte, Food-Design

Jette Sander, Wiesbaden

Last, but not least, gilt mein Dank dem zuständigen Team vom Fackelträger Verlag für eine sehr angenehme Zusammenarbeit.

Impressum

© 2014 Fackelträger Verlag GmbH, Köln

Emil-Hoffmann-Str. 1

D-50996 Köln

Alle Rechte vorbehalten

Gesamtherstellung:

VEMAG Verlags- und Medien AG, Köln

Printed in EU

ISBN: 978-3-7716-4556-4

www.fackeltraeger-verlag.de